AF280002

Jenna Sol

Vier Pfoten hinterm Lenkrad

Tipps und Geschichten aus unserem Vanlife-Alltag mit
Hund

Über die Autorin:
Jenna Sol reist mit ihrem Mann David seit drei Jahren mit ihrem selbst ausgebauten Iveco Daily und den beiden Hunden Fotis und Fina durch Europa. Ihre Abenteuer halten die beiden auf Instagram und Tiktok fest:
@waufunddavon

Jenna Sol

Vier Pfoten hinterm Lenkrad

Tipps und Geschichten aus unserem Vanlife-Alltag mit Hund

Bibliografische Information der Deutschen Nationalbibliothek: Die Deutsche Nationalbibliothek verzeichnet diese Publikation in der Deutschen Nationalbibliografie; detaillierte bibliografische Daten sind im Internet über dnb.dnb.de abrufbar.

Verlag: BoD · Books on Demand GmbH, In de Tarpen 42,
22848 Norderstedt, bod@bod.de
Druck: Libri Plureos GmbH, Friedensallee 273, 22763 Hamburg

ISBN: 978-3-7693-2149-4

Die Pfoten hinterm Lenkrad

Hi! Wir sind David, Jenna, Fotis und Fina und berichten in diesem Buch von den kleinen und großen Abenteuern, die wir während der letzten drei Jahre in unserem selbst ausgebauten Van erlebt haben. In kurzen Geschichten fassen wir Tipps und Informationen über Länder, Tiere und Sehenswürdigkeiten zusammen – und lassen mit einem Augenzwinkern auch unsere beiden Hunde zu Wort kommen. Was waren ihre Lieblingsmomente und wie haben sie die Zeit im Van erlebt? Lockert die Leinen eurer Fantasie und taucht in ihre Geschichten ein!

Es ist alles dabei: Von absoluten Highlights, an die wir uns bis an unser Lebensende erinnern werden, bis hin zu heiklen Situationen, die wir lieber vermieden hätten.

Begleitet uns ein Stück auf unserer Reise, lernt aus unseren Fehlern und folgt Fotis' Abenteuerlust an die für uns schönsten Ecken Europas!

Übrigens: In den Anfangskapiteln erlebt Fotis seine Abenteuer alleine, denn Fina kam erst später zu uns.

Von der Wohnung in den Van

Der Verzicht auf Platz, aber nicht auf Komfort

Die Idee eines eigenen Vans kam uns Anfang 2019. Es war David, der diesen Vorschlag aufbrachte, und anfangs hielt ich ihn für verrückt. In einem Auto leben? Wir? Ich?

Ich hatte noch kein einziges Mal gecampt und hatte ehrlich gesagt auch nie das Bedürfnis danach gehabt. Ich war eher der Typ Pauschaltourist: Zimmer mit Meerblick und morgens und abends das Hotelbüffet stürmen. Nun sollte die Alternative ein Kastenwagen sein, der in vielen der Videos, die wir uns ansahen, nicht einmal Platz für eine richtige Toilette hatte?

Nach anfänglicher Skepsis ließ ich mich jedoch schnell überzeugen. Denn der Gedanke, Zeit am Meer in unseren »eigenen vier Wänden« zu verbringen, gefiel mir. Außerdem versicherte David mir, dass wir den Van nach unseren Wünschen ausbauen würden, mit allem, was uns persönlich wichtig war.

Doch einen Van ausbauen, mit Anfang und Mitte dreißig, und dann damit durch Europa reisen – konnten wir das wirklich machen? Während alle anderen um uns herum Kinder bekamen und »ankamen«, wollten wir unsere Wurzeln abtrennen und ein ganz neues Kapitel im Leben anfangen? Das war etwas, was in unserem Umfeld so gar nicht »normal« war. Im Gegensatz zu uns selbst – wir sind äußerst normale, vielleicht sogar langweilige Menschen! Umso überraschender kam es für unsere Freunde und Familien, was wir uns da in den Kopf gesetzt hatten und vor allem: dass wir es wirklich durchzogen. Wir fühlten, dass es genau das war, was wir jetzt tun wollten.

Egal was andere sagen: Es ist nie zu spät dafür, kleine oder große Dinge zu verändern. Egal, ob du mit deinem Van nur für ein paar Wochen im Jahr verreist, oder ob du darin leben möchtest – jeder Tag unterwegs ist ein Abenteuer, das sich lohnt!

Und das wollten wir so schnell wie möglich angehen. Wir entschieden uns für einen mit sieben Meter dreißig recht großen Kastenwagen. Denn die Erfüllung unserer Einrichtungswünsche benötigte vor allem eines: Platz.

Aber warum haben wir uns nicht einfach ein fertiges Fahrzeug ausgesucht und uns dadurch viele Monate Arbeit erspart? Ehrlicherweise ist das mitunter eine Kostenfrage. Wer ein hohes Budget hat, der wird vielleicht lieber beim Händler ein fertig ausgebautes Wohnmobil kaufen, anstatt in seiner Freizeit Löcher für die Fenster ins Blech zu schneiden und Holzplatten zu sägen, die irgendwann einmal wie richtige Möbel aussehen sollen.

Natürlich ist der Selbstausbau nicht immer die Low budget-Alternative, denn je nach verwendeten Materialien kann man auch beim Ausbau in Eigenregie viel Geld lassen. Was jedoch in jedem Fall der Vorteil einer Do-it-yourself-Variante ist: Man hat die komplette Kontrolle über den gesamten Ausbau! Alles ist zu hundert Prozent auf die eigenen Bedürfnisse angepasst. Und ein weiteres Plus: Wenn etwas kaputt ist, kann man es leichter selbst reparieren als ein System, das jemand anders konstruiert hat.

David jedenfalls war Feuer und Flamme dafür, bei Null anzufangen. So kamen wir Ende des Jahres zu einem Iveco Daily – und hatten uns damit gerade noch rechtzeitig entschieden, denn kurze Zeit später schossen die Preise für Kastenwagen und Wohnmobile in die Höhe.

Wir legten sofort los. Schrubbten den Wagen und isolierten die Wände mit Armaflex. Dann kam die Pandemie und die Materialien wurden knapp. Wir hatten wochenlang Probleme, Holz zu bekommen, und mussten es schlussendlich per Spedition von einem teuren Holzhandel beziehen, anstatt wie gewohnt vom Baumarkt gegenüber. Auch die benötigte Elektronik ließ auf sich warten. In diesen Monaten ging der Ausbau folglich schleppend voran. Das gab uns Zeit, den Grundriss und auch unsere Bedürfnisse genau zu überdenken. Wir schauten uns immer wieder Ausbauten von anderen Vans an, um zu evaluieren, was für Möglichkeiten es gab und wie wir unsere Vorstellungen und Wünsche am besten umsetzen konnten. Letztlich haben wir jeden Zentimeter genau geplant, um möglichst wenig Fläche für Stauraum zu verlieren. Denn Stauraum – das wird jeder Vanlifer bestätigen – ist ein wichtiges und gleichzeitig limitiertes Gut. Es ist nun mal nicht viel Platz in so einem Wagen.

Da wir jedoch wirklich ein relativ großes Basisfahrzeug haben, konnten wir uns so einige »Platzfresser« erlauben. Einen Kleiderschrank zum Beispiel, mit sechs großen Fächern, in dem unsere gesamte Kleidung, Handtücher sowie einige Kleinigkeiten des alltäglichen Lebens Platz finden. Daneben haben wir unser eineinhalb Quadratmeter großes Badezimmer mit Duschwanne und Toilette – und einer Tür!

Für uns war das ein absolutes Muss, da wir so auch mal auf Campingplätzen halt machen können, bei denen die Sanitäranlagen in den Bewertungen als ungenügend beschrieben werden, Lage und Preis aber top sind. Außerdem verlassen wir uns lieber auf unsere eigenen Hygienestandards; ich bin zum Beispiel ein Mensch, der manchmal sogar in Hotels kurz das Bad putzt (wer hat nicht schon mal eine *Wallraff*-Reportage über die Vorgehensweise bei der Hotelzimmerreinigung gesehen? Igitt!).

Auch unsere Zwei-Quadratmeter-Küche ist für unsere Zwecke sehr gut ausgestattet: Sie verfügt eine stabile Arbeitsplatte mit Spüle, genau wie zu Hause, und bietet damit genug Platz zum Kochen. Der Kühlschrank mit Gefrierfach ist ein Standardgerät für den Hausgebrauch und war deshalb wesentlich günstiger als die üblichen überteuerten Varianten aus dem Campingbedarf.

Da wir von vornherein wussten, dass wir hauptsächlich freistehen wollten, war eine Photovoltaikanlage fürs Wagendach eine der wichtigsten und kostenintensivsten Anschaffungen. Als Elektriker war das genau Davids Thema! Zum Glück, denn in Sachen Strom im Van sollte im besten Fall ein Fachmann ran.

Ein Kommentar von David dazu: Die Installation einer Stromanlage im Van ist heikler als in einer Wohnung! Ein Beispiel: Man muss höllisch auf den korrekten Querschnitt der Kabel achten, weil einem sonst der ganze Wagen abfackeln könnte. Darüber hinaus gibt es natürlich unzählige weitere Punkte, die beachtet werden müssen.

Um ausreichend Strom zu erzeugen, nutzen wir vier Solarpanels á 160 Watt und ein Paneel mit 100 Watt. Damit wir auch unsere campinguntypischen, leistungsstarken Geräte betreiben können, haben wir außerdem einen 3000-Watt-Wechselrichter, der Batteriegleichstrom in Wechselstrom umwandelt.

Nach den ersten Testfahrten in Norddeutschland und Dänemark ersetzten wir alle verbauten Schalter durch kleine Touchpads, die flexibel dort genutzt werden können, wo sie gebraucht werden (sogar draußen). Sie senden Signale an einen Minicomputer und steuern so unsere komplette Elektronik.

Neben der Solaranlage nahm der professionelle Einbau einer Alarmanlage einen weiteren großen Posten auf der Kostenrechnung ein. Man hört immer wieder von aufgebrochenen beziehungsweise gestohlenen Wohnmobilen, weshalb wir diesen Preis gerne zahlten. Denn niemand baut sich einen Van für mehrere Tausend Euro aus und spart dann ausgerechnet an der Sicherheit, oder?

Ebenfalls wichtig war uns ein fest installiertes Bett, damit wir es nicht täglich auf- und abbauen müssen und den Stauraum darunter dauerhaft nutzen können.

Als kleine Überraschung hat David ein Dachfenster eingebaut, sodass ich nachts vorm Schlafen in die Sterne schauen kann – ihr glaubt gar nicht, wie viele Sternschnuppen ich seitdem schon bestaunen konnte!

Ja, David hat wirklich so einiges selbst gebaut. Um nicht zu sagen: fast alles. Er ist handwerklich begabt und hat ein Gefühl für Materialien und deren Weiterverarbeitung. Was er nicht wusste, hat er sich aus *Youtube*-Videos abgeschaut und es unseren Wünschen entsprechend nachgebaut. Ich dagegen habe ehrlicherweise lediglich Holz abgeschliffen, sowie Schranktüren und Wände gestrichen, denn meine handwerkliche Begabung hielt sich in Grenzen.

Meine Expertise war erst ein wenig später, beim Thema Gestaltung und »Wohnlichmachen«, gefragt. Das mit dem Wohnlichmachen haben wir geschafft: In mehreren Monaten Arbeit ist eine kleine, gemütliche Wohnung auf vier Rädern entstanden. Das ist sicher auch der Grund, weshalb uns längere Fahrten mittlerweile nichts mehr ausmachen. Unser Van ist unser Zuhause. Es ist nicht vergleichbar mit dem Gefühl, sich in Deutschland in seinen Pkw zu setzen und genervt zu sein, weil eine dreistündige Fahrt ansteht, dabei könnte man doch so gemütlich in seiner Wohnung auf dem Sofa sitzen. Wir müssen unser Zuhause nicht verlassen, um von A nach B zu kommen. Deshalb ist der Wohlfühlfaktor im Van so wichtig.

Nichtsdestotrotz fanden (und finden) wir unterwegs immer wieder etwas, das unser Leben im Van angenehmer macht: Ein zusätzliches Solarpanel zum Beispiel, das wir vor dem Van aufstellen können, um selbst im Winter genügend Strom für unsere technischen Geräte wie den Backofen, die Laptops oder den Router zu erzeugen.

Apropos Router: Nach einem Jahr unterwegs sagten wir goodbye zu Prepaidkarten, mit denen wir uns zuvor durchgeschlagen hatten. Im Durchschnitt zahlten wir in Spanien für vierzig Gigabyte zwanzig Euro, was für Gelegenheitsnutzer vollkommen okay ist. Wer allerdings beruflich große Mengen Datenvolumen hin und her schickt und immer und überall Internetempfang benötigt (so wie David als Spieleentwickler), für den wird die

Sache mit den Karten zunehmend nervig. Wir hatten irgendwann vier verschiedene Prepaidkarten, die wir jeweils ein Mal im Monat aufladen konnten. Also tauschten wir hin und her, und manchmal reichte das Volumen dann trotzdem nicht. Vorausgesetzt, wir hatten Empfang. Denn das war gerade an den außergewöhnlichen, einsamen Orten nicht selbstverständlich.

In Spanien fanden wir im Inland einen traumhaften Spot an einem See, an dem uns morgens die Schafe weckten – ein idyllischer Ort zum Verweilen! Hier gab es alles, was wir uns wünschten ... nur leider kein Internet. Es war an der Zeit für eine Alternative: Starlink. Die klang im ersten Moment teurer, doch zählten wir die Kosten für die verschiedenen Prepaidkarten zusammen, nahm es sich nicht viel.

Dieses »Upgrade« ermöglicht es uns nun tatsächlich, an absolut jedem Ort online zu sein und zu arbeiten oder uns mit Freunden und Familie zu verbinden. Selbst an den abgelegensten Orten haben wir fantastisches Internet – den Satelliten sei Dank.

Eine weitere Annehmlichkeit, die wir uns nach zwei Jahren gönnten, war eine kleine Spülmaschine. »Braucht man so was im Van?« ist eine oft gestellte und durchaus berechtige Frage. »Brauchen« ist so subjektiv! Einige brauchen auch keine Dusche im Wagen, keinen großen Wassertank oder gar Strom. Für uns jedoch war die Gleichung klar: Wir haben (auch wegen der Hunde) dreckiges Geschirr – es gibt raumsparende Spülmaschinen – wir haben noch ein wenig Platz – also los! Und so sammelten wir eine sogenannte »Spülmaschine für Singles« in Spanien bei einer Postbox ein und sind seitdem jeden Tag froh darüber, dass wir sie haben.

14

Diejenigen, die bereits mit dem Van reisen, wissen es – und allen anderen brauchen wir nichts vormachen: Das Leben im Van ist anstrengender als in einer Wohnung oder in einem Haus. Es gibt nur minimalen Platz, der üblicherweise bis in die kleinste Ecke ausgenutzt werden muss. Einfach mal was rumstehen lassen? Wo denn? Getragene Klamotten über einen Stuhl hängen, weil man sie nochmals anziehen will? Auf welchem Stuhl, bitte? Geschirr auf die Arbeitsplatte stellen, weil man gerade keine Lust hat, es abzuwaschen? Eher nicht, denn der Platz wird fürs Arbeiten gebraucht. Man räumt ständig Dinge zur Seite. Alles, was nicht in Schränken verstaut ist, wandert am Tag hin und her, her und hin. Das kann manchmal nerven, vor allem, wenn man nicht nur ein paar Wochen im Jahr in seinem Wagen verbringt, sondern längere Zeiträume.

Genau deshalb versuchen wir, uns das Leben im Van so komfortabel wie möglich zu gestalten. Falls sich jemand fragt: Ihr habt eine Spülmaschine, fehlt dann nicht noch eine Waschmaschine? Schön wär's, aber dafür haben wir tatsächlich keinen Platz. Dazu kommt, dass wir uns daran gewöhnt haben, unsere Wäsche in einem Waschsalon zu reinigen. Diesbezüglich haben wir uns ein wenig an den Spaniern und Portugiesen orientiert. Die nutzen nämlich regelmäßig Waschautomaten, sodass sich an jedem größeren Supermarkt eben solche befinden.

Mit unserem aktuellen Set-up können wir so lange freistehen, wie der Wettergott uns Sonne schickt – oder so lange, wie wir Wasser haben. Unser Frischwassertank fasst 120 Liter, der Abwassertank 80. Unsere Mini-Spülmaschine schluckt etwa fünf Liter pro Spülgang, eine

Dusche sechs bis zehn. Wir können also ein bis zwei Wochen mit einer Tankfüllung auskommen, je nachdem, wie »sparsam« wir mit dem Wasser sind.

Dank unserer Solaranlage auf dem Dach »ernten« wir an einem sonnenreichen Tag vier Kilowattstunden, wovon wir je nach Stromverbrauch ein bis drei Tage zehren können. Im Winter schränken wir uns daher häufiger ein als im Sommer – dann schalten wir den *Starlink*-Router aus, wenn wir ihn gerade nicht benötigen, verzichten auf die Nutzung des Backofens oder darauf, ständig die Drohne oder andere unwichtige technische Geräte aufzuladen.

Woran im Winter jedoch auf keinen Fall gespart wird, ist warmes Wasser! Unser Boiler frisst zwar einiges an Strom, aber bei kühleren Temperaturen gibt es nichts Besseres, als heiß zu duschen! Im Sommer mag es ja okay sein, sich eiskaltes Wasser über den Kopf laufen zu lassen, aber im Winter? Dafür sind wir leider nicht hartgesotten genug und nehmen in Kauf, dass wir aufbrechen und während der Fahrt unsere Batterie wieder aufladen müssen. Da wir ohnehin regelmäßig zum Einkaufen oder zu einer Wasserstation fahren, ist das kein Problem – nur eben nicht sonderlich spontan.

Das Leben und Reisen im Van ist vor allem eins: Planung. Planung des Ausbaus, Planung der Route und der Stellplätze, Planung der Vorräte, Überwachung des Wetterradars, um auf Stürme oder Ähnliches frühzeitig reagieren zu können. Und Planung der Energie, die man benötigt, um nicht eines Morgens mit komplett leerer Autobatterie irgendwo festzusitzen.

Aber natürlich ist es nicht ausschließlich Planung. Nur zur Hälfte. Die andere Hälfte ist pure Freiheit, für die das

Vanlife so geliebt wird. Unterwegs kann alles passieren – oder nichts, eben so, wie man es sich wünscht. Wenn wir morgens aufwachen, haben wir zwar einen groben Plan vom Tag, doch wir sind nicht festgefahren in einer Routine. Wie auch, wenn man regelmäßig an einem unbekannten Ort ist, der erkundet werden will?

Wir sehen ständig neue Gegenden, begegnen Tieren, die wir nur aus Dokus kannten, bestaunen andersartige Flora und lernen Menschen aus anderen Kulturen kennen. Vanlife ist die Freiheit, alles zu haben, oder auch nichts. Alles zu sehen, oder auch nichts (oder eher: wenig). Es kann heißen, sich möglichst viel anschauen zu wollen und dementsprechend weit zu fahren. Die Welt ist groß und unsere Zeit auf ihr ist begrenzt. Wer alles sehen möchte, muss aufs Gaspedal treten!

Wir haben uns dafür entschieden, langsam zu reisen. Unser Wunsch ist es nicht, die ganze Welt zu erkunden, sondern Plätze zu finden, an denen wir uns heimisch fühlen. Wenn man sich auskennt, Bekanntschaften mit Einheimischen knüpft, sein Lieblingsrestaurant gefunden hat oder weiß, auf welchen Platz man sich am Hafen stellen muss, damit die neugierige Meeresschildkröte auf einen zugeschwommen kommt, dann hat man sich eingelebt.

Wir lieben die Natur und das Freistehen an Gewässern, das uns ein Gefühl von Ruhe vermittelt. In der Stille der unberührten Landschaft finden wir die größten Abenteuer, solche, die es in der lauten Stadt nicht gibt. Und auch wegen unserer Hunde versuchen wir Großstädte eher zu meiden.

Apropos Hunde: Für die ist das Leben im Van mindestens so eine große Herausforderung wie für uns. Die in der Wohnung vorhandene Routine mit festen Fütterungs- und Gassizeiten gibt es in unserem Alltag nur bedingt. Oftmals fahren wir den halben Tag und eine Mahlzeit verschiebt sich deshalb, oder ein langer Spaziergang ist nicht drin, weil wir an einer viel befahrenen Straße mitten in einer spanischen Küstenlandschaft stehen. Oder auf einem Campingplatz in Portugal, der so ungünstig zwischen Meer, Schnellstraße und Berg gebaut wurde, dass man nicht mal hundert Meter laufen kann, ehe man sich neben einem hupenden Schwertransporter wiederfindet.

Genau wie für uns ist jeder Tag anders und alles kann passieren. Für Hunde, die Routine gewohnt sind, kann die Umstellung erst mal schwer sein, doch letztlich lohnt es sich. Sowohl für den Menschen als auch für den Hund. Wenn Freunde uns erzählen, dass ihr Vierbeiner sein Futter pünktlich zu einer bestimmten Uhrzeit einfordert, denken wir an unsere beiden, die tiefenentspannt auch vier Stunden nach ihrer Fütterungszeit geduldig warten. Diese Gelassenheit haben sie definitiv im Van gelernt.

Aber was braucht ein Hund eigentlich im Van? Nun, »brauchen« ist relativ. Ein Napf wäre super, zur Not tut es aber auch ein Topf. Ein Körbchen? Er findet sicher einen Platz im Bett. Genau wie wir Menschen kann auch ein Hund mit wenig auskommen. Im Gegensatz zu uns kann er jedoch nicht selbst entscheiden, was er gerne dabei hätte. Daher haben wir am Ende des Buches eine Liste mit den Dingen zusammengestellt, die wir stets an Bord haben und die unserer Meinung nach »wichtig« sind, wenn wir mit den Hunden im Van unterwegs sind.

Frankreich: Freistehen mit Startschwierigkeiten

Wir hatten einen Van ausgebaut, um in die allerschönste, allerabgelegenste Natur fahren zu können – und was taten wir als Erstes? Richtig! Wir fuhren von einer Stadt in eine andere. Oder besser gesagt: in eine Metropole! Paris, la ville de l'amour, lag auf unserem Weg an die französische Küste. Drei Tage lang gaben wir uns dem Trubel hin und standen auf einem Campingplatz mitten im Zentrum.

Auch hier darf man durchaus schmunzeln: Wir wollten ursprünglich unbedingt freistehen und haben dafür einiges an Geld investiert. In Großstädten, die gleichzeitig beliebte Touristenziele sind, ist das allerdings keine gute Idee. Es gibt unzählige Berichte über gestohlene Fahrzeuge oder eingeschlagene Fenster und geklaute Wertgegenstände. Deshalb war ein Campingplatz unsere erste Wahl für Paris. Wir fanden einen, der nicht weit vom Eiffelturm entfernt war und direkt an einen riesigen Park angrenzte. Ideal also, um mit dem Hund unbeschwerte Runden zu laufen.

Da wir vorher noch nie in Paris gewesen waren, wollten wir natürlich das sehen, was jeden Touristen magisch anzieht: den Eiffelturm.

Kurz nach Sonnenaufgang machten wir uns mit E-Scootern auf den Weg durch idyllische Parkanlagen, in denen wir sogar Reiher antrafen. Währenddessen hockte Fotis tiefenentspannt in seinem Rucksack. Den hatten wir genau für solche Aktivitäten angeschafft, bei denen er nicht »mal eben« nebenher laufen konnte.

Wir hielten uns für klug, das Wahrzeichen von Paris an einem Wochentag zu besichtigen – da müsste ja bestimmt weniger los sein, oder?

Tja. Leider war das nicht der Fall. Und das zeigte sich bereits, als wir den Park verließen und uns mitten in der chaotischen Pariser Rushhour wiederfanden. Es wäre nur minimal übertrieben, wenn ich sage, dass wir drei bis fünf Nahtoderfahrungen entkamen! Unsere E-Scooter hämmerten ungefedert über die Kopfsteinpflaster und Autos und Roller brausten vorbei, als seien Unfälle nur wilde Verschwörungstheorien von der »autofreie Stadt«-Lobby. Gerade so lebend am Eiffelturm angekommen, veränderte sich unser panisches Schnaufen in ein überraschtes Keuchen. Obwohl es nicht mal acht Uhr war, fühlten wir uns wie in einer Warteschlange vor dem *Apple*-Store im Jahr 2013, am Erscheinungstag des neuen iPhones.

Während wir so früh hergekommen waren, um uns mit unserem Hund möglichst entspannt und ohne Gedränge umsehen zu können, waren Dutzende Fotografen und Influencer (und solche, die es werden wollten) angereist, um like-würdige Fotos zu schießen. Brautpaare, die sich im Grün vor dem Eiffelturm platzierten, junge Frauen in teuer aussehenden Kleidern, die auf Mauern kletterten und ihre Haare und den Stoff im Wind flattern ließen. Und solche, die sich in ihre knappsten Teile geworfen hatten, während sie im Nieselregen möglichst natürlich in die Kamera lachten. Dazu die Insta-Boyfriends (ja, es gibt sie wirklich!), die mit stoischer Geduld Foto um Foto schossen, Perspektiven wechselten und wie bei *Germanys Next Topmodel* Posinganweisungen gaben.

Zugegeben, auch ich liebe schöne Fotos, aber dieses Schauspiel stahl dem Eiffelturm fast die Show. Es war unterhaltsam und gleichzeitig skurril. Wir hatten nicht mal einen Selfie-Stick dabei – nur einen Hund, der sich wahrscheinlich fragte, was zum Teufel hier los war.

Was taten wir also? Richtig! Wir mischten uns unters Influencer-Volk und machten – nun unsererseits cringe Blicke kassierend, denn Fotis war der einzige Hund vorm Eiffelturm – ein Erinnerungsfoto, das bis heute zu meinen absoluten Lieblingsbildern gehört.

Den restlichen Tag verbrachten wir damit, die Umgebung zu Fuß zu erkunden. Wir passierten hübsch angelegte Gärten, kleine Seen und gar nicht mal so wenige Prostituierte, die einfach so zwischen den Bäumen im Park auftauchten. Spooky! Drei Tage lang entdeckten wir Paris spazierend, ehe es wieder in die Natur gehen sollte – endlich in absoluter Idylle freistehen!

Nun ja. Natur ja, doch Freistehen war wieder nicht drin. Wir wollten uns die französische Atlantikküste ansehen und fanden erst mal wenige Plätze, an denen wir stehen durften. Überall empfingen uns Verbotsschilder oder Höhenbegrenzungen und unsere Euphorie verpuffte kurzzeitig. Zu Erinnerung: Wir waren gerade mal ein paar Tage mit dem Van unterwegs und hatten noch kein »dickes Fell«, das man manchmal braucht, um beide Augen zuzukneifen, wenn man an einem Verbotsschild vorbeifährt. Auch das Gefühl für die Entscheidung, ob man an einem Ort geduldet wird oder ob mitten in der Nacht die Polizei klopft, fehlte uns anfangs komplett. Also zogen wir zu den nächsten Campingplätzen, direkt an der Steilküste von Fécamp und dem endlos langen Sandstrand von Omaha Beach – mit kurzen Zwischenstopps in Étretat und beim Le Mont-Saint-Michel. Erst beim dritten längeren Aufenthalt, mittlerweile in der Bretagne, wurden wir mutiger und stellten uns direkt am Meer neben Wohnmobile mit französischem Kennzeichen, die laut Verbotsschild eigentlich nicht dort hätten übernachten dürfen. »Die müssen es ja wissen«, dachten wir uns. Und so war es auch. Von eben diesen Franzosen erfuhren wir, dass das Freistehen außerhalb der Saison an vielen Orten geduldet wurde und es »pas de problem« schien, wenn wir ein paar Tage hierblieben.

Generell war das Land, dessen Einwohnern nachgesagt wird, kühl zu reagieren, wenn man ihrer Sprache nicht mächtig ist, ein freundlicherer Ort, als wir angenommen hatten. Manchmal verstand unser Gegenüber wirklich gar kein Englisch, doch der Begeisterung, ein Gespräch zu führen, tat das keinen Abbruch. Mit Händen und Füßen und viel Engagement wurden uns Geschichten über die wundervolle Bretagne erzählt und gezeigt, wo man am besten Krabben fischen konnte. Wir erhielten Tipps, wo wir unbedingt hinfahren sollten und wo wir jetzt, außerhalb der Saison, problemlos am Meer freistehen konnten. Entweder wir trafen auf all die Ausnahmen des Klischees, oder Franzosen sind weitaus weltoffener, als man es ihnen nachsagt. Ich konnte mich mit ein paar Brocken Schulfranzösisch mitteilen und oft reichte sogar ein freundliches »Bonjour« und die Entschuldigung, dass man kaum Französisch spreche – »Pardon, je ne parle pas français« – und schon switchten einige Franzosen in ein passables Englisch. Es reichte jedenfalls, um sich zu verständigen.

Wir wanderten tagelang an der traumhaften Küste in der Region um Erquy, die uns umhaute. Die Landschaft war üppig grün und das Meer changierte an manchen Orten von Blau zu Türkis. Die Côte de Granit Rose dagegen war ganz anders – schön anders! Man hätte meinen können, dass der *Barbie*-Chef-Designer die dortigen Felsen mit einem blassrosa Lack besprüht hatte, um seinen Puppen ein markenkonformes Feriendomizil herzurichten. Als wäre das nicht schon außergewöhnlich genug, gibt es dort zeitweise sogar Papageientaucher!

Und dann waren da noch die Tiere, die Fotis vermutlich als *das* Highlight der Betragne bezeichnen würde: grüne Eidechsen! An dieser Stelle müssen wir sagen, dass er einen ausgeprägten Jagdtrieb hat – und die Eidechsen triggerten diesen extrem! Daher war eine Leine für ihn Pflicht. Sie hatten es ihm so sehr angetan, dass er ein Mal wie von Sinnen auf sie zu hechtete und mit einem Fuß so unglücklich aufkam, dass er plötzlich humpelte.

Puh. Wir waren noch nicht lange unterwegs, und schon hatten wir den ersten tiermedizinischen Zwischenfall.

Der Schreck war groß, doch glücklicherweise hatte er sich nur vertreten und kurze Zeit später war alles wieder in Ordnung.

Was ihr tun könnt, wenn euer Hund Anzeichen einer Verletzung zeigt, erklärt euch im Folgenden unsere langjährige Tierärztin des Vertrauens Dr. Meike Does.

Tierarzt-Tipp: Humpeln
von Dr. Meike Does

Zuerst:
- Die betroffenen Gliedmaßen durchtasten
- Alle gelenke Durchbeugen, ob irgendwo ein Schmerz auslösbar ist.

Wenn nicht (und es belastet werden kann), könnte man für einen Tag ein Schmerzmittel geben (z.B. Metacam). Wenn es danach weg oder deutlich besser ist, ist schon mal nichts kaputt.

Sollte der Hund das Bein überhaupt gar nicht belasten (auch nach einiger Wartezeit nicht), dann sollte man den Tierarzt aufsuchen und röntgenologisch abklären lassen, was los ist.

Navarro: Die Halbwüste und der fliegende Drache

Unsere Reiseroute führte uns als Nächstes durch die Pyrenäen. Unser Iveco hatte mit der Steigung zu kämpfen, denn wir haben stets so viel dabei, dass wir die Grenze des erlaubten Fahrzeuggewichts komplett ausnutzen müssen. Also tuckerten wir langsam aber beständig die kurvigen Bergstraßen hoch, genossen den Ausblick auf Berggipfel und sattgrüne Landschaften, ehe wir an einem Bergsee halt machten. Im Winter befand sich hier ein riesiges Skigebiet – jetzt kamen Wohnmobile und Mountainbiker her. Vor allem die Hunde liebten die kleinen Bäche und die dichten Wälder, in denen sie Rehe und Hirsche erspähten. Es war eine gemütliche Woche dort oben, doch wir müssen direkt mit der Sprache rausrücken: Wir sind lieber am Meer als auf dem Berg! Und in diese Richtung ging es weiter. Wenn auch nicht sofort – denn wir hatten noch einen Zwischenstopp im Inland geplant.

Als die gewaltige Wand aus Sandstein vor uns auftauchte, wussten wir, dass wir richtig waren. Ein Dutzend Wohnmobile und Vans hatten sich über den weitläufigen Parkplatz in Arguedas verstreut und lauerten wie wir darauf, demnächst das nicht weit entfernte Highlight der

Region Navarra zu besuchen: die Halbwüste *Bardenas Reales*, alias »Mondlandschaft Europas«.

Denn tatsächlich sieht es dort ein bisschen aus wie auf dem Mond. Einem sandigen, ausgetrockneten Mond. Es gibt dramatische Schluchten, die sich mit jahrhunderte-alten skurrilen Felsformationen aus Lehm und Kalk abwechseln. Mitten in dieser staubigen Gegend fühlten wir uns wie Gäste in einer fremden Welt, die so ganz anders war, als alles, was wir bisher gesehen hatten.

Doch zurück zum Anfang: Unser Stellplatz unweit der Halbwüste war klasse. Es gab eine kostenfreie Wasserstation lediglich ein paar Hundert Meter entfernt und abends hatten wir vom Van aus freie Sicht auf die bunt beleuchteten *Cuevas de Arguedas*, die alten Höhlenwohnungen, die bis ins letzte Jahrhundert noch bewohnt gewesen waren. Das Licht changierte von Pink über Blau zu Grün und verlieh den Höhlen etwas Magisches, das uns auf unser Hauptziel einstimmte: das – seit *Game of Thrones* – bekannteste UNESCO-Biosphärenreservat Spaniens.

Der Eintritt in die *Bardenas Reales* ist kostenlos und man kann mit dem Wagen entweder auf dem Parkplatz vor dem Gelände parken oder bequem hinein fahren. Wir entschieden uns im Morgengrauen des nächsten Tages für Letzteres und wurden von einer wenig komfortablen Straße erwartet. In Schrittgeschwindigkeit krochen wir über die vielen Steine und Schlaglöcher und suchten uns einen Weg durch aufgewirbelte Staubwolken. Dabei passierten wir ausgetrocknete Flussbetten und riesige, lang gezogene Berge aus Kalk, Lehm und Sandstein. Die Sonne war mittlerweile aufgegangen und ließ die verschiedenen Ockertöne um uns herum umso fahler wirken. Ein Schlagloch hier, knirschende Steine unter dem Reifen da – die unbefestigte Straße schien kein Ende zu nehmen.

Doch der Anblick ein paar Kilometer weiter entschädigte für jeden Rumpler: Das *Castildetierra* begrüßte uns, thronend vor dem blauesten Himmel, den man sich vorstellen konnte. Sie ist das Wahrzeichen der *Bardenas Reales* und das Bild, das *Google* ausspuckt, wenn man nach ihr sucht. Die nach oben hin schmaler werdende, hohe Felsformation erinnert an ein skurriles Wüstenschloss aus einem Comic – deshalb wohl der Name »Schloss der Erde«. Sie besteht wie der Rest der schroffen Landschaft aus verschiedenen Schichten und ist über Jahrtausende von Wind, Sonne und Wasser geformt worden.

Neben dem Ehrfurcht erregenden »Turm« gibt es außerdem einige andere Highlights, die teilweise ein ganzes Stück auseinanderliegen. Wer alles sehen möchte, sollte also mit einem Auto, einem Quad oder einem Fahrrad weiterfahren (oder ein sehr ausdauernder Wanderer sein). Insgesamt führen ganze siebenhundert Kilometer ausgeschilderte Wander- und Radwege durch die eindrucksvolle Halbwüste. Es gibt also viel zu sehen und zu erleben!

Wir entschlossen uns dazu, am *Castildetierra* auszusteigen und mit Fotis die Umgebung bei einem ausgedehnten Spaziergang zu erkunden. Mit einem Rucksack voll Wasser und Proviant liefen wir auf dem aufgeplatzten Boden auf rotgelbe Berge zu, die sich über den gesamten Horizont erstreckten. Wir hatten das Gefühl, uns mitten in einem Westernfilm zu befinden. So unwirklich und fast menschengemacht wirkte die Landschaft mit all ihren sonderbaren Formen, der staubigen Luft und der absoluten Stille.

Und so falsch lagen wir mit dem Vergleich zu einer Filmkulisse nicht. *Game of Thrones*-Fans werden die Halbwüste mit den sanften Hügeln und den weiten Ebenen sicherlich wiedererkennen, denn hier wurden einige der bekanntesten Szenen der Serie gedreht. Zugegebenermaßen sind wir keine Super-Fans und hatten nur ein paar Folgen gesehen – doch das reichte, um die Drehorte wiederzuerkennen und ein wenig in das Gefühl einzutauchen, zu einer anderen Zeit in einer anderen Welt zu sein.

Einer Welt, in der es sogar Drachen hätte geben können.

FOTIS

Ich bin froh, als wir endlich anhalten. So kräftig durchgeschüttelt wurde ich schon lange nicht mehr.

Wieso benutzen Menschen nicht einfach ihre Beine, anstatt sich in einem Blechkasten ein mittelschweres Schleudertrauma zuzuziehen?

Von meinem Platz im Wagen aus konnte ich sehen, dass die Landschaft wie ein endloses Panoramagemälde an uns vorbeizog – ein wackelndes zwar, aber ein hoch spannend aussehendes.

»Gehts jetzt los?«, frage ich und drängle mich an meinen Menschen vorbei. Ungeduldig beobachte ich sie dabei, wie sie eine Wasserflasche und etwas zu Essen einpacken. Dann öffnen sie endlich die Tür und ich stürme nach draußen. Wow! So eine Landschaft habe ich noch nie gesehen. Hier fehlen Farben! Das Blau des

Meeres, das wir doch sonst vor der Tür haben, das Grün von duftendem Gras und das Grau vom warmen Asphalt eines Parkplatzes. Alles, was ich sehe, sind ein gelber Boden und gelb-rote Felsen, und weiter hinten am Horizont Berge in den gleichen Farben. Und ich mit meinem gelb-roten Fell mittendrin, sodass ich mich fast als Teil eines Puzzles fühle.

Bin ich in einer Fantasie-Welt gelandet?

Jeder meiner Schritte wirbelt Staub auf, was das Rennen echt abenteuerlich macht. Der Wind heult leise durch die trockenen Gräser und ich vermute Heuschrecken in ihrer Mitte. Doch jeder Hechtsprung bleibt ohne Erfolg und ich muss einsehen, dass das Rascheln vom Luftstrom kommt, und nicht etwa von einem möglichen Snack. Dafür gibt es aber andere Tiere zu jagen, sofern ich meiner Nase trauen darf: Ich wittere Kaninchen und Hasen. Und ein weiterer Geruch ist da, einer, den ich nicht kenne … bodennah. Wer auch immer du bist, du kannst nicht weit sein.

Meine Menschen rufen mich und ich breche meine Fährtensuche ab. Vorerst. Ich darf nicht riskieren, direkt wieder angeleint zu werden, also höre ich auf ihr Kommando und erkunde mit ihnen gemeinsam weiter den Hauptweg. Der Pfad ist eingerahmt von halb verfallenen Steinmauern, in deren Löchern sich vermutlich einige Mäuse verstecken. Doch der Geruch von eben geht mir nicht aus dem Kopf und ich gehe wieder stromern. Es dauert eine Weile, bis ich die Fährte wiedergefunden habe, und als ich ihr nachgehe, führt sie … ins Nirgendwo. Sie endet und weit und breit ist nichts und niemand zu sehen.

Doch – Moment. Hat da soeben ein Stein geblinzelt?

»¡Buenos días, Amigo«, lispelt es aus dem Nichts.

»Hallo?«, frage ich verwirrt und schaue mich um.

»Hola«, kommt es zurück. Wieder sehe ich: nichts.

»Bist du ... unsichtbar?«, will ich wissen, weil mir tatsächlich keine andere Möglichkeit in den Sinn kommt.

»Ich? Unsichtbar? Ich bin Dracarys, der Drache«, ertönt es leise, aber mit Stolz in der Stimme.

Ich runzele die Stirn. Ein Drache? Ich kenne diese Tiere aus dem Gerät, das meine Menschen Fernseher nennen, aber ich dachte immer, die gäbe es gar nicht wirklich. Allerdings bin ich auch noch nie an einem so wundersamen Ort wie diesem gewesen. Aber wo ist der Drache denn?

»Tu mir nichts, oder ich werde dein rotes Fell mit Feuer schmücken!«

Da! Jetzt habe ich ihn gesehen!

Er sitzt direkt vor mir. Ich muss zugeben, dass er ziemlich gut getarnt ist, auf dem grau-gelben Stein und im Schatten des Grases, dessen Muster sich fast in seinem Fell wieder spiegelt. Wobei, ein Fell ist es nicht – es ist glatt und sieht rau und schuppig aus. Und für einen Drachen ist er außerdem erstaunlich klein! Er würde locker in meinen Napf passen. Er hat ein wenig was von den limettengrünen Kerlchen aus der Bretagne, die dort in den Gräsern hockten. Nur dass er eben nicht grün ist, sondern sandfarben, und dass er schlanker wirkt als sie. Vielleicht ist er einfach nur eine braune Eidechse?

Hm. Aber was, wenn er doch ein Feuer speiender Drache wäre? Ich schaue verunsichert zu meinen Menschen. Die bewundern in diesen Minuten eine der riesigen Steinfronten am Horizont, die ein ähnliches Streifenmuster trägt, wie der kleine Kamerad hier vor mir, nur ist sie ungefähr eine Million Mal gewaltiger. *Das* wäre eine angemessene Größe für einen Drachen!

Wie sich seine Haut wohl anfühlt? Warm, weil Feuer in seinen Adern fließt? Meine Neugier fährt mir durch die Beine in die Pfoten. Ich würde den Kleinen zu gerne einmal berühren.

Langsam hebe ich meine Pfote, doch Dracarys funkelt mich böse an. »Disculpe, haben wir nicht eine Abmachung?«

»Wenn du ein mächtiger Drache wärst, warum solltest du eine Abmachung mit mir treffen müssen?«, frage ich und bin selbst überrascht über meine eigene Kombinationsgabe.

»Ich möchte dich ja nicht in Brand setzen, Amigo«, antwortet er.

»Bist du nicht ziemlich klein für einen Drachen?«, bohre ich weiter.

»Bist du nicht ziemlich klein für einen Hund?«

Touché.

»Ich bin ein Drache«, antwortet er, dieses Mal mit Nachdruck und ein wenig eingeschnappt. »Und zwar der Mächtigste der Targaryen-Dynastie. Du bist Gast in meinem Reich, also benimm dich nicht so unhöflich. Drachenstein ist meine Festung, von der aus ich die Welt beherrsche.«

»Drachenstein?« Ich setze mich vor Dracarys hin und sehe ihn neugierig an. Bin ich hier tatsächlich zufällig auf einen mächtigen Drachen gestoßen?

Ich kann mein Glück kaum fassen! Meine Freunde auf der Hundewiese werden staunen, wenn ich ihnen erzähle, dass ich einen echten Drachen kennengelernt habe!

»Erzähl mir von deinem Leben hier«, bitte ich aufgeregt. »Waren deine Eltern auch Drachen?«

»Ach, auf einmal willst du mich nicht mehr fressen?« Dracarys runzelt die kleine, geschuppte Stirn.

»Ich würde niemals einen Drachen fressen«, sage ich schnell und versuche mich an dem unschuldigen Blick, der auch bei meinen Menschen funktioniert, wenn ich dem Rückruf zu spät gefolgt bin.

»In Ordnung.« Dracarys dreht seinen Kopf zur Sonne und schließt seufzend die Augen. »Meine Eltern waren ganz normale Eidechsen. Ich erinnere mich gut an die Zeit, als ich jung war. Wie wir uns unter Steinen versteckten, weil wir fürchteten, gefressen zu werden. Eines Morgens wachte ich von lauten Geräuschen auf. Es war nicht der übliche Lärm von Mäusen oder Füchsen. Es waren fremde, zuvor nie da gewesene Laute, und sie waren angsteinflößend. Ich wollte meine Eltern fragen, was da vor sich ging, doch sie waren verschwunden. Da saß ich nun, vollkommen allein, und fragte mich, was ich tun sollte.« Dracarys wippt seinen Kopf leicht hin und her, versunken in Erinnerungen. »Am Ende des Tages traute ich mich unter meinem Stein hervor, und dann sah ich sie: Zweibeiner, die mit Lichtern und allerhand Gerümpel in unser Reich eindrangen. Sie bauten riesige Burgen aus Holz und Stoff, und manchmal sah ich sogar die Feuer speienden Monster, die sie beherrschten.«

»Wow«, staune ich. »Monster?«

»Große, blecherne Monster, die über den Boden meiner geliebten *Bardenas Reales* zu schweben schienen. Und die Zweibeiner fuchtelten mit glänzenden Dingern herum und schrien bestialisch. Von da an beobachtete ich sie immerzu, ob in der Mittagshitze oder in der dunklen Nacht – sie schienen unentwegt beschäftigt zu sein, und so war ich es auch.«

»Das klingt aufregend«, sage ich mit großen Augen. Kurz frage ich mich, was mit Dracarys Eltern geschehen ist, doch offenbar möchte er das nicht weiter ausführen. Gut möglich, dass ein Greifvogel vorbeikam und sich dachte: Sieh an, mein Frühstück ... Aber *das* behalte ich lieber für mich.

»Und wie bist du zum Drachen geworden, wenn du früher eine normale Eidechse warst?«

»Das ist eine gute Frage«, lobt er und räuspert sich. »Eines Tages beobachtete ich etwas, das mein Leben veränderte. Die Zweibeiner hatten erstaunliche Gefährte bei sich. Sie waren gigantisch und auf ihre merkwürdige Art sahen sie aus wie ich, nur eintausend Mal größer. Die Menschen nannten sie Drachen. Jemand rief meinen Namen: ›Dracarys‹, und plötzlich schoss ein riesiger Feuerstrahl hervor, der alles in seiner Nähe in Rauch und Flammen aufgehen ließ. Selbst die Zweibeiner brannten lichterloh!«

Ich halte erschrocken die Luft an. »Sind sie ... verbrannt?«

Es war wirklich klug von mir, dass ich Dracarys nicht herausgefordert habe.

»Die Flammen erloschen rechtzeitig, doch in diesem Moment, in dem ich hörte, dass die großen Drachen hießen wie ich, entfaltete sich mein Schicksal vor mir. Ich war ebenfalls ein Drache!«

»Verstehe«, sage ich. Das mit dem Namen konnte ja kein Zufall gewesen sein. »Und wie ging es weiter?«

»Nun, ich blieb vorerst in der Nähe der Zweibeiner, denn wo immer sie waren und meinen Namen riefen, loderten die Flammen. Ich folgte ihnen auf Schritt und Tritt und sah, wie sie mit ihren mächtigen, in der Sonne glänzenden Gefährten durch die Luft glitten und der feurige Atem alles in Asche legte, was sich ihnen in den Weg stellte. Kennst du das Gefühl, wenn dein Herz vor Aufregung pocht, als würde es aus deiner Brust springen?«

Ich nicke eifrig. »Und wie ich das kenne!«

»Ich wollte so gerne sein wie die großen Drachen. Ich übte stundenlang das Feuerspucken, indem ich kleine Steine mit meinem heißen Atem erhitzte. Ich lernte, auf heißen Luftströmen zu schweben. Eines Nachts, als alle schliefen, kletterte ich auf den höchsten Punkt der *Bardenas Reales*. Ich spreizte meine kurzen Beinchen und sprang. Ich flog! Der Wind peitschte mir um die Ohren, und ich schrie vor Freude!«

»Wirklich?« Ich wedele aufgeregt mit dem Schwanz.

»Na ja«, entgegnet er ein wenig kleinlaut, »zumindest ein Stück. Ich landete sanft in einem Busch und war überglücklich, durch die Lüfte gesegelt zu sein! Von da an übte ich immer weiter, um besser zu werden. Manchmal, wenn ich hoch oben am Himmel segelte, konnte ich die Zweibeiner sehen und hörte, wie sie ihre Geschichten erzählten. Sie hatten scheinbar keine Ahnung, wo sie hier waren, denn sie nannten meinen Ort ›Westeros‹. Ein seltsamer Name für eine Halbwüste, oder?«

Ich nicke unentschlossen. Was wäre denn ein guter Name für eine Halbwüste, außer »Halbwüste«?

»Aber was ist mit den Menschen passiert?«, frage ich und blicke mich um.

»Sie kamen so schnell, wie sie gekommen waren, und haben alles mitgenommen. Schlagartig war ich wieder allein. Der einzige Drache weit und breit.«

»Das muss ziemlich einsam sein«, überlege ich laut und habe Mitleid mit dem kleinen Geschöpf. Womöglich könnten wir ihn mitnehmen – wie cool wäre es, einen Drachen an Bord zu haben?

»Ach, das ist es ganz und gar nicht!«, entgegnet Dracarys lächelnd. »Hier gibt es Mäuse und Molche, Steinadler und Wanderfalken und Füchse und Wildkatzen. Und natürlich Eidechsen, so wie meine Eltern welche waren.«

»Äh«, räuspere ich mich, »hast du gar keine Angst vor den Greifvögeln? Oder vor den Füchsen und Wildkatzen?« Ich kann mir gut vorstellen, dass die Dracarys mit einem Happs verschlingen könnten.

Doch er lacht nur amüsiert. »Du meinst also, ein Drache könnte es nicht mit ihnen aufnehmen?«

Ich kneife mein linkes Auge zusammen und überlege. Er hat recht. Ich habe mich ja schließlich auch nicht mit ihm anlegen wollen.

»Wie ich eingangs schon sagte: Ich bin Dracarys, der Mächtigste der Targaryen-Dynastie. Und ich herrsche über das alles hier.« Er stellt sich auf seine Hinterbeine und macht mit seinen Vorderbeinen eine ausladende Geste. »Alle hier haben gesehen, wie ich den Drachen in mir entfesselt habe, und seitdem herrsche ausnahmslos ich über Drachenstein.«

»Das ist wirklich eine unglaubliche Geschichte«, sage ich und erhebe mich langsam. Ich habe während des Zuhörens meine Menschen aus den Augen verloren und mache mir Sorgen um sie. Nicht, dass doch eines dieser Feuer speienden Gefährt-Dinger zurückgelassen wurde und sie angreift. »Es war echt cool, dich kennenzulernen, Dracarys!«

»Mir war es auch eine Freude, flauschiger Vierbeiner«, erwidert er. »Gib gut auf dich acht. Du scheinst mir jemand zu sein, der sich durch vorschnelles Handeln in Schwierigkeiten bringt. Immerhin hättest du fast einen echten Drachen angegriffen!« Er zwinkert mir zu und wackelt mit seinem langen, glänzenden Schwanz. Ich spüre, wie mein Jagdtrieb schon wieder einsetzt, und muss mich arg zurückhalten, ihm nicht nachzugeben.

»Okay, Tschüss dann!«, sage ich eilig und renne davon, der Spur meiner Menschen folgend. Ich setze meine kurzen Dackelbeine auf den Boden auf, so schnell, dass ich fast hinfalle – doch ich möchte es versuchen. Ich möchte fliegen, genau wie Dracarys. Wie cool wäre es, ein Kokoni-Drachen-Mix zu sein?

Vor mir taucht eine kleine, schmale Schlucht auf, deren Wände von rotem Sandstein überzogen sind. Direkt dahinter sehe ich die bunten T-Shirts meiner Menschen wehen. Ich sammle all meine Kraft und stoße mich ein letztes Mal vom Boden ab. Mein Herz klopft wie ein Gefahr witternder Hase. Ich spüre, wie Adrenalin durch meine kleinen Beine schießt.

Ich schließe die Augen und springe.

Und springe.

Und springe.

Es dauert eine gefühlte Ewigkeit, bis ich wieder auf dem Boden aufkomme.

»Fotis, du bist ja geflogen«, lachen meine Menschen und ich sehe sie schnaufend, aber überglücklich an.

Nennt mich Fotis, den Drachengeborenen der *Bardenas Reales*.

Galizien: Kathedralen und Wildschweine am Strand

Galizien ist der Teil Spaniens, in dem man unbehelligt an der Küste freistehen kann, ohne auf ganze Horden anderer Camper zu treffen oder sich an Dutzenden Verbotsschildern vorbei kämpfen zu müssen. Hier gibt es abseits der Touristenstädte und außerhalb der Sommersaison viele Plätze direkt am Meer, an denen man absolute Ruhe genießen kann. Wir liefen mit Fotis manchmal stundenlang die langen Sandstrände entlang, die Mitte Oktober unter der Woche nahezu leer gefegt waren.

Natürlich hat es einen Grund, weshalb sowohl die Vans und Wohnmobile und als auch die meisten Touristen zu dieser Jahreszeit vornehmlich ans spanische Mittelmeer reisen, anstatt sich an die Atlantikküste zu verlaufen: Es ist deutlich kühler hier oben und das Wetter kann einen durchaus mal mit ein paar dunklen Regentagen enttäuschen.

Das sollte einem bewusst sein, wenn man Galizien besucht – das Gute ist jedoch, dass man mit dem Auto so frei ist, einfach ein Stück weiter zu fahren, bis man die Sonne wiederfindet. Denn irgendwo ist sie, ganz bestimmt!

Als wir endlich aus einem weitläufigen Nebel- und Regengebiet herausgefunden hatten (das wir liebevoll »Bermudadreieck« tauften), entdeckten wir einen kleinen Freistehplatz direkt am Strand, nahe eines winzigen Fischerdöfchens. Kaum geparkt wurden wir von einem Delfinschwarm begrüßt, der an unserer Bucht vorüberzog. Was für ein Erlebnis!

Das war es dann allerdings auch mit den Spektakeln, denn wie eingangs schon gesagt, gibt es an den entlegenen Stränden von Galizien vor allem eines: Ruhe. Man kann toll wandern, surfen oder mit dem Kanu auf dem Meer fahren, doch für einen längeren Aufenthalt war es selbst uns zu einsam. Einen »Full Circle«-Moment erlebten wir, als wir am Tag unserer Abreise erneut Delfine sahen – in den sieben Tagen dazwischen tatsächlich keinen einzigen!

Unsere weitere Route entlang der Küste Nordspaniens führte uns dann an einem äußerst belebten und beliebten Touristenziel vorbei: der *Praia das Catedrais*.

Das ist ein beeindruckendes Naturdenkmal im galicischen Ferienort Ribadeo, direkt am Meer. Der Besucheransturm für diesen mystischen Ort ist so enorm, dass im Sommer (genauer gesagt zwischen Juli und September) vorab ein kostenloses Ticket gebucht werden muss. »Nur« fünftausend Besuchern pro Tag ist der Zutritt zum Strand gestattet – die Magie der Küstenformationen hat man also eher nicht für sich allein.

Da wir im Oktober ankamen, hofften wir natürlich auf weniger Andrang. Wie immer war unsere Devise: Vor dem Sonnenaufgang aufstehen, um den Massen zu entgehen, die hoffentlich noch tief schlummerten.

Bei einem Besuch des Kathedralenstrands sollte man die Gezeiten im Blick haben, denn ohne Ebbe sind die uralten Höhlen nicht zugänglich. Wir hatten Glück und sie fiel auf die Morgendämmerung, in der wir von unserem Stellplatz aufbrachen. Der lag nur ein paar Hundert Meter vom Eingang zu *Praia das Catedrais* entfernt.

Der »Strand der Kathedralen« hat seinen Namen übrigens wegen seiner ungewöhnlichen Felsformationen erhalten. Sie erinnern an steinerne Bögen, entlang derer man auf den Sandkorridoren wie durch ein gotisches Kirchenschiff schreiten kann. Oder man nutzt sie als Rennstrecke – so wie Fotis.

≈

FOTIS

Leere Strände sind die besten! Jedes Sandkorn, jede Muschel, jeder Geruch ist eine neue Geschichte, die ich erkunden kann! Aufmerksam beobachte ich die Gischt, die der Wind vom Meer hoch in die Luft wirbelt. Ich stehe bereits in den Startlöchern, um den weißen Schaumfetzen hinterherzujagen, doch dann stört etwas meine Konzentration. Geräusche. Obwohl wir heute so früh aufgestanden sind, bin ich nicht der Einzige, der hier Abenteuer erleben möchte.

»Hola«, begrüßt mich ein brauner Langhaardackel, der freundlich auf mich zugerannt kommt.

»Tag«, antworte ich und schaue mich verunsichert nach meinen Menschen um. Die wirken unbeeindruckt, was wohl heißt, dass ich dem Dackel über den Weg trauen kann.

»Ich bin Ramirez«, sagt er freundlich und hält selbstsicher seinen wuscheligen Schwanz in die Höhe. »Und du?«

»Fotis«, antworte ich und hebe ebenfalls meinen Schwanz, der zwar nicht so buschig, aber immerhin glänzend ist und der die Menschen mit seiner weißen Pinselspitze begeistert.

»¿Qué tal? Bist du Tourist?«

Ich nicke.

»Ay, super! Ich auch. Ich komme aus Bilbao.«

Er sagt das mit stolzgeschwellter Brust, doch ich weiß natürlich überhaupt nicht, wo das sein soll. Ist das ein Dorf? Eine Stadt? Ein anderes Land oder gar ein anderer Planet?

»Wir fahren mit einem irrsinnig scharfen Wohnmobil herum.«

Okay.

Das schließt die Sache mit dem anderen Planeten schon mal aus.

»Wir auch«, entgegne ich.

»Ist das nicht der Hammer, dass wir solche Orte sehen können?« Er dreht sich um und lässt seinen Blick vom Meer zu den riesigen Steinen schweifen, die aus dem Sand in die Höhe ragen. »Ich war schon mal hier. Du bist genau zur richtigen Zeit hergekommen. Wir können in die Höhlen laufen, so lange Ebbe ist.«

Ich muss aussehen, als wüsste ich nicht, wovon er redet – was ich wirklich nicht tue –, denn er ergänzt: »Ebbe ist, wenn das Wasser weg ist. Das kommt nämlich wieder und dann ist hier alles überflutet.«

44

Ramirez deutet mit seiner Schnauze auf die sanften Wellen, die über den festen, feuchten Sand rollen. »Wir haben noch ein wenig Zeit. Und schau mal, die Sonne geht auf. Ist das nicht magisch, Mann?«

»Ja, klar«, antworte ich unsicher. »Äh, Mann.«

Was genau ist jetzt so besonders an einem Sonnenaufgang? Der gelbe Ball geht doch ständig auf. Und wieder unter. In Deutschland hat es niemanden interessiert, wann und wo die Sonne auftaucht, aber seit wir unterwegs sind, wird ein riesiger Wirbel darum gemacht. Vielleicht, weil man sie hier tatsächlich sehen kann, und sie sich nicht hinter berghohen Hochhäusern versteckt? Aber was daran »magisch« sein soll, verstehe ich trotzdem nicht.

Ich gebe zu, dass ich noch nicht ganz im »Vanlife« angekommen bin. So nennen es die Menschen manchmal und es heißt so viel wie: Leben im Auto. Ich schätze, ein Leben im Auto ist besser als ein Leben auf der Straße – aber auf Zypern, wo ich herkomme, gilt es als das absolut Beste, in einem Haus zu wohnen. Einem richtigen Haus, in dem die Menschen ein weiches Körbchen und immer volle Näpfe aufstellen. In Deutschland habe ich viele Artgenossen getroffen, die zwar kein eigenes Haus hatten, dafür aber eine Wohnung. Ist ein Auto nun eine Wohnung? Eine ganz, ganz kleine? Und ist die Natur hinter der Autotür ab sofort mein Garten? Das wäre ein ganz schön großer Garten und würde erklären, weshalb ich mich so orientierungslos und überfordert fühle. Ich meine, kein Hund kann einen so riesigen Garten alleine bewachen.

Ramirez wirft sich vor mir auf den Boden und wedelt herausfordernd mit dem Schwanz.

»Los, Fotis, vamonos!«

Dieser Aufforderung kann ich nicht widerstehen. Ich renne hinter dem Dackel her, der mit seinen kurzen Beinen über den Strand fegt. Als ich ihn eingeholt habe, jagen wir uns von einer Höhle in die andere und springen über die Salzwasserpfützen, welche von der »Ebbe« zurückgelassen wurden.

»Und das hier wird bald wieder vom Wasser überspült?«, frage ich ungläubig, als wir uns unter dem höchsten Punkt einer Höhle für eine Pause ablegen. Über uns erstreckt sich eine Decke aus Gestein und nur die Linien an den Wänden erinnern daran, dass hier bis vor kurzem Wasser stand.

»Sí. Du kannst sehr viele Teile des Strands nur betreten, wenn Ebbe ist.« Ramirez streckt sich genüsslich im kühlen Sand aus.

Mit großen Augen verfolgen wir den beginnenden Sonnenaufgang, der den Himmel vor der Höhle in pastellfarbene Farben taucht.

»Aber wieso haben die Menschen so etwas gebaut?«, will ich wissen. »Hat sich da jemand vertan?«

»No«, lacht Ramirez. »Ich weiß, es ist schwer zu glauben, aber die Menschen sind nicht für alles verantwortlich. Diese Höhle hier hat die Natur gebaut. Du weißt schon, Wind und Wasser. Sie haben über Jahrhunderte die Steilküste geformt und dabei die riesigen Bögen und Kuppeln erschaffen, die diesen Ort zu etwas so besonderem machen.«

»Besonders?«

Was genau ist an diesem Ort denn so speziell? Die Wände sind dunkelbraun, fast schwarz. Und feucht. Ich sehe weder Käsestangen aus dem Boden ragen, noch liegen knusprig gebratene Würstchen herum. Es gibt nicht mal Tiere, die wir jagen könnten – nur diese Höhle, in der wir anscheinend in ein paar Stunden nasse Pfoten bekommen würden.

»Sí, Fotis!« Ramirez sieht mich mit großen Augen an. »Kennst du denn die Legende der Meerjungfrauen nicht?«

»Meerjungfrauen?«, wiederhole ich und fühle mich dabei wie ein unwissender Welpe. Was bitteschön sind Meerjungfrauen?

»Ay, Dios mio! Zum Glück hast du mich getroffen. Was bist du denn für ein Tourist, der nichts über die Orte weiß, die er besichtigt?«

Ich verschweige Ramirez, dass ich nicht hierher gekommen bin, um etwas zu »besichtigen«. Im besten Fall hätte ich hier ein paar Möwen hinterherrennen können, oder vielleicht einen toten Fisch am Wasser gefunden. Das wäre die Art von Unterhaltung gewesen, die ich mir für diesen Morgen vorgestellt hatte.

»Pass auf. Es heißt, dass hier, direkt an der Küste, eine Gemeinschaft von Meerjungfrauen ansässig ist. Das sind Menschen, die im Wasser leben.«

»So was gibt es doch gar nicht«, insistiere ich.

»Na und ob es sie gibt! Oberhalb des Bauches sehen sie aus wie Menschen, doch unterhalb ist ihnen eine schillernde Flosse gewachsen. Damit können sie schwimmen wie Fische! Und sie sollen genau hier, in den Höhlen und Grotten unter den Felsbögen, ihre Unterwasserpaläste errichtet haben.«

»Also stehen wir in einem Meerjungfrauenpalast?«, frage ich und blicke mich ungläubig um. Ja, die Höhle sieht tatsächlich ein wenig aus wie ein Palast – ein unspektakulärer zwar, aber jedem das Seine. Doch wo sind dann bitte die Menschen mit den Fischflossen?

»Vielleicht«, antwortet Ramirez verschwörerisch. »Man erzählt sich, dass sich die Meerjungfrauen früher in stürmischen Nächten aus den Fluten erhoben, wenn der Mond das Meer silbern färbte. Dann tanzten und sangen sie auf den Felsen dort drüben. Ihre Stimmen waren so betörend, dass die umliegenden Fischer ihre Boote verließen und ihnen in Wasser folgten und ertranken. Die Männer wurden nie mehr gesehen, denn die Meerjungfrauen hielten ihre Seelen in den Tiefen des Meeres gefangen.«

Ich erschaudere, was Ramirez schmunzelnd zur Kenntnis nimmt.

»Wenn man nachts genau hinhört, kann man noch heute ihre Gesänge in den Wellen widerhallen hören.«

»Was für eine gruselige Geschichte«, brumme ich. »Wir sollten von hier verschwinden.«

»Ay, Fotis, das ist doch nur eine Legende!« Ramirez lacht so inbrünstig, dass seine Zunge aus der langen Dackelschnauze fällt. Da ich nicht weiß, was »Legende« bedeutet, fühle ich mich irgendwie unwohl. Lacht Ramirez über mich, oder über die »Legende«?

»Vielleicht gibt es die Meerjungfrauen, vielleicht auch nicht.« Er streckt sich und steht gemächlich auf. »Auf jeden Fall spiegelt diese Legende die Ehrfurcht wider, die die Menschen vor der unberechenbaren Kraft des Meeres hatten. Die Meerjungfrauen symbolisieren die Schönheit und gleichzeitig die Gefahr der Natur.«

Langsam verstehe ich. Die Horrorgeschichte ist nur ein Märchen.

»Und das haben sich Menschen ausgedacht?«

Ramirez nickt grinsend.

»Das ist bescheuert«, finde ich. »Warum denn keine witzige Geschichte? Dass die Meerjungfrauen das Meer hin und her schieben, weil sie in ihren Palästen aufräumen wollen?«

»Ach weißt du, Menschen tut ein wenig Angst ganz gut. Sonst werden sie größenwahnsinnig.«

Das sagt ausgerechnet ein Dackel! Ich kichere.

Ramirez hört es zum Glück nicht, denn er trabt bereits zum Ausgang der Höhle. Ich beeile mich, zu ihm aufzuschließen. Obwohl ich die Geschichte nicht ganz glaube, möchte ich nicht alleine hier drin bleiben. Wer weiß – vielleicht gibt es die Meerjungfrauen doch, und ihnen fehlt ein niedlicher Kokoni für ihren Palast.

Als ich über mir wieder Himmel sehe, bleibe ich überrascht stehen. Die Sonne klettert gerade hinter den riesigen Felsen empor und taucht den Strand und uns in ein goldenes Licht.

»Vamonos!«, ruft Ramirez erneut und läuft beschwingt durch die Steinbögen, die sich an der Küste aneinanderreihen. Ich folge ihm staunend, vorbei an himmelhohen Säulen und stämmigen Felswänden. Im Sonnenschein sehen sie viel heller aus als vorhin in der Höhle. Irgendwie golden oder zumindest strohfarben.

»Wo geht es als Nächstes für dich hin, Fotis?« Ramirez verlangsamt sein Tempo und sieht mich neugierig an.

Ich überlege. Lange. Zu lange.

»Verstehe«, entgegnet er. »Keine Sorge, meine Menschen planen auch immer alles alleine.« Er rollt genervt mit den Augen. »Lass dir eins sagen: Nimm dich vor den Wildschweinen in Acht, die an der Küste wohnen.«

»Schweine?« Ich wedele aufgeregt mit dem Schwanz. Das klingt nach leckerem Essen.

»Nicht die Art Schweine«, erklärt Ramirez. »Das sind wilde Schweine. Tollwütige Vampirschweine. Die haben riesige Zähne und sind geisteskrank. Die machen dich kalt, ehe du ›Schweinemett‹ sagen kannst!«

Ich drehe mich um und lasse meinen Blick über den Strand schweifen. »Ich sehe nichts.« Und ich wittere auch nichts.

»Nicht hier.« Ramirez schüttelt den Kopf. »Hier ist zu viel los. Aber wenn deine Menschen ein paar Buchten weiterfahren, dann stehen die Chancen gut, dass ihr welche hört.«

»Vampirschweine. Wie cool!«

Nun ja, so cool waren die »Vampirschweine« nicht. Wir hörten sie tatsächlich, als wir einige Kilometer entfernt übernachteten. Beim Morgenspaziergang traf ich ein Paar, dessen Hund in der Nacht sogar Bekanntschaft mit den Wildschweinen gemacht hatte; die hatten den frei laufenden Hund nämlich zurück zum Wagen gejagt. Völlig verängstigt und jaulend stand er vor der Tür und kroch dann zu seinen Besitzern ins Bett.

Mal abgesehen davon, dass ich meinen Hund nicht unbeaufsichtigt durch eine fremde Gegend stromern lassen würde – schon gar nicht nachts – sollte man wachsam sein, welche Gefahrenquellen es für den Hund in der Umgebung geben könnte. Wildschweine sind eine davon. An manchen Orten haben wir auch schon Schakale oder Schlangen gesehen, die einem kleinen Hund ebenfalls gefährlich werden könnten.

Portugal: Magische Felsen und ein verschollenes Paket

Wir verließen Spanien entlang der Brücke über den Fluss *Rio Miño*, der es von seinem Nachbarland Portugal trennt. Hier tickten die Uhren anders – und zwar wortwörtlich, denn wir waren in eine andere Zeitzone eingereist! Ebenfalls ungewohnt war die Sprache, die sich überraschenderweise ein wenig slawisch anhörte. Tatsächlich ähnelt sich der Wortschatz von Portugiesisch und Spanisch zu etwa neunzig Prozent; Slawisch ist daran nur, dass Portugiesisch eine akzentzählende Sprache ist, genau wie die meisten slawischen Sprachen eben auch. Spanisch dagegen ist eine silbenzählende Sprache, weshalb sich Portugiesisch trotz des ähnlichen Wortschatzes für uns eher »fremd« anhörte.

Dieses Hintergrundwissen half uns natürlich nicht dabei, die Einheimischen besser zu verstehen – es kam uns daher entgegen, dass viele von ihnen Englisch sprachen. Ein weiterer Unterschied zu Spanien, der uns positiv in Erinnerung blieb. Natürlich sollte man als Reisender bereit sein, zumindest die Basics der jeweiligen Landessprache zu lernen. Ob das dann auch immer so klappt, wie man es sich vornimmt, ist eine andere Sache. Wir nutzen hauptsächlich Apps wie *Babbel* und *Duolingo*, je nachdem, um welche Sprache es geht (griechisch zum Beispiel ist derzeit nur in der *Duolingo*-App verfügbar). Sie eignen sich prima dafür, früher Gelerntes aufzufrischen. Für jemanden, der ganz neu mit einer Sprache startet, wäre unserer Meinung nach ein richtiger (Online-)Kurs geeigneter, um ein besseres Gefühl für die Sprache zu bekommen (jedenfalls was griechisch betrifft, das hat mich wirklich an den Rand der Verzweiflung getrieben).

Portugiesische Sätze, die sich bei mir wie ein nerviger Ohrwurm im Gedächtnis eingebrannt haben, klangen in etwa so: »Bem-vindo à *DHL Portugal*. Por favor, seja paciente por um momento. Obrigado.«

DHL? Genau, *DHL*! Kenner werden wissen, welches Geschichten-Genre wir gleich auspacken werden. Thriller? Vielleicht sogar Horror? Entscheidet selbst.

Wir erwarteten eine wichtige Sendung aus Deutschland. Davids Laptop war kaputt gegangen und da er in der Computerspielentwicklung arbeitet, musste schnellstmöglich ein Neuer her. Wer hätte gedacht, dass Paketempfang in Portugal abenteuerlicher sein konnte als in Deutschland? Ich hing eine Woche lang jeden Tag mindestens fünfzig Minuten in der Warteschleife der *DHL-Portugal*-Hotline, um zu erfahren, wo genau das hochpreisige Paket abgeblieben war. Erst war es an einem wahllos ausgewählten Kiosk zugestellt worden, dann doch an einem Campingplatz, und dann plötzlich: nirgendwo. Sinn für Humor hatten sie, die Portugiesen, doch so richtig lachen konnten wir nicht darüber. Wo war es denn nun? Hatte es *DHL* aktuell überhaupt noch, oder hatten sie es verloren? Letztendlich bestanden wir darauf, das Paket im Depot abzuholen - woraufhin uns mitgeteilt wurde, dass man es erst mal suchen müsste. Wir wussten nicht recht, ob wir lachen oder weinen sollten. Als sich nach zwei weiteren Tagen niemand gemeldet hatte, fragte ich erneut bei der Hotline nach – und siehe da, kurz darauf bekamen wir eine E-Mail mit der Info darüber, dass man das Paket gefunden hatte. Wir packten alles zusammen und fuhren zum zwei Stunden entfernten Depot, um es endlich annehmen zu können. Das war unsere erste und logischerweise auch letzte Erfahrung mit DHL in Portugal.

Generell ist das Empfangen von Paketen unterwegs gar nicht so einfach, je nachdem, an welchem Ort man sich befindet. In Spanien hatten wir in belebteren Regionen meist Glück mit den jeweiligen Annahmeshops: DHL, UPS, Seur. Doch kaum befand man sich nicht mehr im absoluten Mittelpunkt des Geschehens, rieten uns sogar Campingplätze davon ab, Pakete dorthin schicken zu lassen. Liest man Erfahrungen von einheimischen Auswanderern, ist eine erfolgreiche Zustellung wohl Glückssache, und viele von ihnen scheinen eher Pech zu haben.

Nur waren wir leider auf Pakete angewiesen, denn wir benötigen für unseren allergischen Fotis spezielles Hundefutter, das es im Ausland nicht gibt. In Portugal war der Paketempfang wie gesagt ein Reinfall, doch in Spanien fanden wir nach einiger Recherche eine Lagerbox mit Postservice. Dorthin konnten Pakete aller Art und jedes Kuriers geschickt werden, die gegen eine kleine Gebühr bis zur Abholung aufbewahrt wurden. Wir können diesen Service nur empfehlen, denn obwohl wir in den letzten Jahren unzählige Sendungen dorthin geschickt haben, ist nie eine weggekommen.

Oder sollte ich sagen: fast keine?

Ein Mal gab es tatsächlich den Fall, dass mein Paket nicht auffindbar war. Ich machte mir direkt Sorgen, doch die Ladenbesitzerin verwandelte sich in eine weibliche *Sherlock Holmes* und stieg sofort in die Nachforschungen ein. Weil die Einrichtung eben hauptsächlich als Lagerbox fungierte, gab es in jedem Winkel eine Überwachungskamera. Sie sah alle Aufnahmen durch, bis sie das Paket entdeckte. Nun folgten wir seiner digitalen Spur und konnten erkennen, dass es wenige Tage nach der Zustellung an einen Mann übergeben wurde – an einen anderen David! Der armen Frau wurde klar, dass sie einen Fehler gemacht hatte, und wie es der Zufall wollte, war besagter David ein Stammkunde, dessen Nummer sie sofort parat hatte. Ein Telefongespräch und einen Tag später hatten wir unser Paket und das Wissen, dass hier definitiv nichts unbemerkt wegkommen konnte – *Miss Holmes* war auf Zack!

Doch bevor wir uns weiter in Paketgeschichten ergehen, wollen wir wieder in das traumhafte Portugal zurückkehren. Der Nordwesten, den wir zuerst erkundeten, war rauer und ursprünglicher, mit turmhohen Klippen und fast so gigantischen Wellen. Es gab kilometerlange Strände, an denen wir stehen konnten; manchmal auch gegen eine Gebühr von ein paar Euro, die das Meer vor dem Fenster auf jeden Fall wert war.

Ruhe und Einsamkeit an der Küste, ein Stadtbummel in Porto oder ein Stopp in Nazaré, um einen Blick auf die berühmten Monsterwellen zu werfen – unsere Route war vielfältig. Allerdings war der Herbst mittlerweile auch in Portugal angekommen, weshalb das Wetter uns schneller vorantrieb, als wir es ursprünglich geplant hatten. Ein Regentag jagte den nächsten.

Und Regentage sind es leider auch, die einem verdeutlichen, dass man beim Vanlife jederzeit mit allem rechnen muss.

Es hatte seit zwei Tagen regelrecht »geschüttet« und wir hatten uns einen Stellplatz gesucht, auf dem wir das Unwetter aussitzen wollten. Wir standen leicht schräg, was uns nichts ausmachte – doch unserem Dachfenster leider schon, wie wir mitten in der Nacht erfahren mussten.

Ich wachte auf, weil mir ein Schwall Wasser ins Gesicht schoss. Im ersten Moment dachte ich: Oh Gott, pinkelt mich der Hund etwa gerade an? Ein vollkommen verrückter Gedanke, doch ich war noch nicht richtig wach.

Wir machten das Licht an und sahen, dass Wasser am Rahmen unseres Dachfensters heruntertropfte. Die Dichtung war kaputt gegangen, vermutlich vor allem durch den Druck, den das Wasser wegen der Schieflage des Wagens auf eben jene Seite des Fensters ausgeübt hatte. Wir behalfen uns mit Schüsseln, bis es hell wurde, dann glänzte David mal wieder als Allround-Handwerker, der das Fenster unter ziemlich erschwerten Bedingungen ausbauen und die Dichtung erneuern musste. Denn: Zu unserem Pech regnete es natürlich den ganzen Tag weiter!

In einer Wohnung nutzt man einfach ein anderes Zimmer, wenn Fenster repariert werden und deshalb Werkzeug im Weg steht und es feucht oder kalt ist. Im Van hat man keine Ausweichmöglichkeiten (außer, man quartiert sich in einem Hotel ein).

Noch deutlicher wird das, wenn unterwegs der Wagen streikt. Ich schätze, das ist das Horrorszenario jedes Wohnmobil- oder Vanfahrers. Wir haben es in den vergangenen Jahren bereits zwei Mal erleben müssen, beide Male in Spanien. Plötzlich mussten wir die wichtigsten Dinge in einen Rucksack stopfen und unser Zuhause auf vier Rädern abgeben, ohne wirklich zu wissen, wann wir es wiederbekamen. Beide Male hatten wir Glück im Unglück, denn die Werkstätten waren schnell und wir hatten unseren Van innerhalb von sechs Stunden zurück. In dieser Zeit lungerten wir in der Umgebung herum und fühlten uns ziemlich hilflos. Gestrandet in einer fremden Stadt, in die wir nur wegen der Werkstatt gefahren waren, rausgerissen aus dem Alltag.

Zumindest was Spanien betrifft, haben wir von Werkstätten bisher aber wirklich viel Gutes gehört. Zum einen sind die Preise für Arbeitsstunden unerwartet günstig, zum anderen wissen die Mechaniker dort natürlich auch um die Problematik für Vanreisende, die ohne ihren Wagen gewissermaßen obdachlos sind. Da wird es dann ermöglicht, dass man bei mehrtägigen Reparaturen zum Ende des Arbeitstags wieder in seinen Van steigen kann, um dort zu schlafen.

Speziell wir haben die Erfahrung gemacht, dass uns sehr kurzfristig Termine angeboten wurden und sich die Mechaniker wirklich beeilt haben, damit wir so schnell wie möglich wieder »einziehen« konnten. Im schlimmsten Fall hätte man sich wohl ein Hotelzimmer suchen müssen – was in den oft abgelegenen Regionen, in denen sich die Werkstätten befanden, sicherlich nicht einfach gewesen wäre, vor allem nicht mit zwei Hunden.

Ganz ehrlich, wir sind froh, dass wir das bisher nicht ausprobieren mussten.

Doch wie bereits erwähnt: Im Vanlife muss man mit allem rechnen. Laut David »geht jeden Tag etwas kaputt« – so drastisch würde ich es zwar nicht formulieren, aber ja, manchmal kommt es einem zumindest so vor, als würde man nonstop etwas reparieren. Auf Davids To-do-Liste standen bereits: ein kaputtes Ventil unter der Spüle, kaputte Rohre am Frischwassertank, kaputte Abwasserrohre, abgenutzte Stoßdämpfer, Austauschen einer kaputten Autobatterie, abgeriebene Bremsbeläge, Reparatur des Boilers und ein kaputter Wasserhahn, der fast unseren ganzen Van unter Wasser gesetzt hätte.

Abseits von den kleinen und großen Katastrophen liebten wir unseren Van jedoch sehr (und tun es bis heute!). Doch das Regenwetter wollten wir trotzdem schnellstmöglich hinter uns lassen. Die Algarve rief uns, und zwar sehr laut! Und sie enttäuschte uns nicht, mit ihren spektakulären Klippen, riesigen Felsen, die aus dem Meer ragen und ihren versteckten Traumstränden. Wer sich nicht gerade in der Hauptsaison hierher verirrt, kann die Schönheit dieser Region weitestgehend ungestört genießen – vor allem mit Hunden! Wir waren von Oktober bis Mitte Dezember in der Umgebung von Lagos und konnten Fotis problemlos mit an alle Strände nehmen. Hier konnten wir den Sommer ein wenig verlängern und endlich in der Sonne schwitzen. Lediglich das Schwimmen im Atlantik war ziemlich schnell nur noch was für Hartgesottene oder Surfer in ihren Neoprenanzügen.

Weil der Süden weitaus touristischer ist als der Rest des Landes, sind Stellplätze am Meer Mangelware. Oder besser gesagt: man darf nicht direkt an der Küste freistehen! Das ist gesetzlich verboten. Natürlich tun es dennoch einige, und wenn man sich nicht gerade dreist mitten in die wilde Natur stellt, sondern zumindest auf einem ausgewiesenen Parkplatz bleibt, kann man Glück haben und in den Genuss der »Duldung« der portugiesischen Polizei kommen. Dass kein Campingverhalten gezeigt werden sollte, ist klar und stellt einen wesentlichen Punkt bei der Entscheidung der Beamten dar, ob sie weiterfahren oder für eine Ermahnung oder einen Strafzettel anhalten.

Wir haben während unserer Zeit an der Algarve tatsächlich nur auf Plätzen gestanden, von denen wir uns relativ sicher waren, dass die Polizei uns dort dulden würde. In Sagres gibt es beispielsweise einen riesengroßen Parkplatz, der als eine Art inoffizieller Stellplatz bekannt ist. Man ist direkt am Meer, wenngleich der Charme des Platzes bei bis zu einhundert Nachbarn natürlich nicht ganz so ausgeprägt ist, wie mutterseelenallein in einer kleinen Bucht zu parken. Doch für uns galt an der Algarve: Wenn irgendwo niemand steht, oder noch schlimmer, die anderen kurz vor oder kurz nach dem Sonnenuntergang wegfahren, dann ist das ein sicheres Zeichen dafür, dass sich dieser Ort eher nicht zum Übernachten eignet.

In Lagos wollten wir eine Nacht an einem in einer App ausgewiesenen Parkplatz verbringen, weil wir auf eigene Faust partout keinen Freistehspot finden konnten. Kein Wunder, denn Lagos ist extrem touristisch und mit mehreren Campingplätzen für Reisende gut ausgebaut. Es gibt also keinen vernünftigen Grund, freizustehen – was einem auch die vielen Verbotsschilder an allen möglichen Parkplätzen signalisieren. Doch wie das manchmal so ist, wollten wir uns das Geld für einen Campingplatz sparen. Und wir hatten ja das Glück, dass die App einen Spot für uns gefunden hatte! Drei andere Wohnmobile standen bereits dort, als wir nachmittags ankamen.

Prima. Wir fühlten uns einigermaßen sicher. Zumindest bis die ersten beiden Wohnmobile kurz vor Sonnenuntergang losfuhren. Der dritte Wagen machte sich bei Einbruch der Dunkelheit dann auch auf den Weg und wir bekamen kalte Füße. Ich hatte erst ein paar Tage zuvor selbst gesehen, wie die Polizei ein Wohnmobil in Sagres besucht hatte, das auf einem in der App hochgelobten Parkplatz nahe einer Ruine gestanden hatte – direkt neben dem obligatorischen Verbotsschild.

Weil »no risk, no fun« nie unser Motto war, sahen wir zu, dass wir ebenfalls wegkamen. Eine der wichtigsten Regeln beim Vanlife: auf das Bauchgefühl hören. Egal wie toll der Platz scheint, stimmt das Gefühl nicht, sollte man lieber weiterziehen.

Und so quartierten wir uns in Ermangelung an Alternativen dann doch auf dem nahe gelegenen Campingplatz ein. Der hatte keine sonderlich positiven Bewertungen auf *Google*, allerdings monierten diese überwiegend den mangelhaften Zustand der Sanitäranlagen; und die benötigten wir aufgrund unserer umfangreichen Vanausstattung ja ohnehin nicht. Ein großer Pluspunkt dieses Platzes war definitiv die Nähe zum Strand, der sich innerhalb von ein paar Gehminuten bequem erreichen ließ. Und das Ausflugsziel, welches wir am nächsten Morgen ansteuern wollten, war auch nicht weit entfernt.

Unser Must-See in dieser Region war nämlich die *Ponta da Piedade* in Lagos. Das ist die Spitze einer steilen Landzunge, die in den Atlantik ragt. Sie verspricht beeindruckende Felsformationen, versteckte Strände und sogar Grotten, die man am besten mit dem Boot, dem Kanu oder dem SUP erreichen kann. Zu diesem Zeitpunkt hatten wir noch kein eigenes Kanu und fürs SUP war uns das Meer zu stürmisch, sodass wir uns mit dem Abstieg die lange Steintreppe hinunter begnügten.

Dort unten beobachteten wir die Sonne, die sich gemächlich aus dem Wasser schob, um dann mit einem Feuerwerk aus Licht zwischen den Steinbögen aufzugehen.

Ich kann mit ziemlicher Sicherheit behaupten, dass das der beeindruckendste Sonnenaufgang war, den ich je gesehen habe!

≈

FOTIS

Ich hasse es, früh aufzustehen. Meist heißt das, dass meine Menschen etwas Langweiliges geplant haben, auf das *sie* Lust haben – was sich nicht unbedingt mit dem deckt, was mir Spaß machen würde. Oder sind wir jemals morgens um sechs zu einer Wurstfabrik gefahren? Nein, eher nicht.

Nun stehen wir also auf einem riesigen, braunen Stein und gucken einfach nur nach unten.

Nach unten! Dabei ist das, was es oben zu sehen gibt, doch viel spannender! Ein Dutzend Möwen fliegen zwischen den Steinsäulen umher, kreischen und wecken mich damit erst so richtig auf.

»Sind wir etwa für die Jagd hier?«, frage ich meine Menschen aufgeregt, bis mir einfällt, dass ich noch nie jagen durfte und sich das ausgerechnet hier und heute sicher nicht ändern wird.

Die Uhrzeit war übrigens nicht die dümmste Idee meiner Menschen an diesem Tag – denn jetzt steuern sie auf eine Treppe aus Holz zu, die schon sehr alt, aber vor allem ziemlich anstrengend zu bezwingen wirkt. Das sind locker einhundertachtzig Stufen!

Okay, das habe ich natürlich nicht geschätzt – das weiß ich, weil mein Mensch es im Internet gelesen hat.

»Ihr glaubt doch wohl nicht, dass ich da runter und wieder hochlaufe?« In so einem Fall würde ich gern meinen nicht vorhandenen Behindertenausweis ziehen, denn ich habe was mit der Hüfte. Nicht allzu schlimm, sagt meine Tierärztin, aber viele Treppenstufen müssen dennoch nicht sein. Das wissen natürlich auch meine Menschen. Sie deuten mein Zögern richtig und so erbarmt sich einer der beiden, mich zu tragen.

Ich mache mich extra steif und schwer. Geschieht ihnen recht, weil sie mich so früh geweckt und ohne Frühstück vor die Tür geschickt haben.

Unten angekommen krachen Wellen direkt vor uns an die Füße der Steintürme und in kleine Grotten hinein. Möwen kommen aus der gut versteckten Höhle vor uns geschossen und kreischen. Für einen kurzen Augenblick frage ich mich, ob ich wie *Krypto* von den *Super Pets* mit einem beeindruckenden Sprung durch die Luft wirbeln kann, um ein saftiges Frühstück abzugreifen. Man wird ja wohl noch träumen dürfen.

»Bom Dia!«, schreit eine übermütige Möwe direkt über meinem Kopf.

»Bon was?«, frage ich.

Sie fliegt einen Kreis und kommt zurück, um sich auf eine fragil aussehende Steinsäule zu setzen. Die Wellen umspülen den Stein mit all ihrer Kraft, doch er steht widerspenstig dort, wie ein Hund, der nicht durch die Tür zur Tierarztpraxis gehen will.

»Bom dia, cachorro. Guten Morgen.«

»Aha. Ja, guten Morgen.«

Ich erinnere mich nicht, jemals mit einem Vogel gesprochen zu haben. Warum auch? Sie sind richtige Monster, wie sie mir am Boden vorgaukeln, ich könnte sie als Snack verspeisen, um dann in die Luft aufzusteigen und mich mit Sabber in den Mundwinkeln und einer tiefen Enttäuschung zurückzulassen. Und manchmal versuchen sie auch, mir auf den Kopf zu kacken.

»Genießt du die Aussicht?«

»Na ja«, gebe ich grummelig zurück, »ich würde lieber weiterschlafen.«

»Du stehst vor dem inspirierendsten Sonnenaufgang Portugals und denkst ans Schlafen?«

»Mich würde ein Frühstück inspirieren«, gebe ich zu.

»Deine Menschen haben es schwer mit dir getroffen, mein Freund. Ich würde dich bitten, der Natur ein wenig mehr Respekt für das entgegenzubringen, was sie an der Algarve geschaffen hat.«

»Bist du hier so was wie die Tourismusbeauftragte?«, frage ich gähnend.

Offenbar habe ich nicht unrecht, denn die Möwe erhebt sich von der Steinsäule und kommt euphorisch auf mich zugeflogen.

»Nun, ich komme viel herum, also kenne ich mich tatsächlich sehr gut aus«, erklärt sie. »Was sind deine

Interessen? Möchtest du wandern gehen, schwimmen oder klettern?«

Am liebsten würde ich »jagen« sagen. Oder schlafen. »Wir gehen oft wandern«, antworte ich. Dabei besteht zumindest die Chance, dass mir auch etwas zum Jagen vor die Augen kommt.

»Dann gibt es hier in der Nähe viele Orte, die ihr euch ansehen müsst! Da wirst du nicht mehr gähnen, glaub mir!«

»Ach ja?«

»Es gibt an der Algarve üppige Naturschutzgebiete! Gleich dort drüben ist eins: *Ria de Alvor*.«

Beim Wort »Naturschutzgebiete« werde ich hellhörig. Ich kenne den Begriff als Ankündigung dafür, dass ich angeleint werde. Und das bedeutet, dass es dort sehr viel Jagdpotenzial gibt!

»Da kannst du sogar an Salzmarschen vorbeilaufen. Es ist die drittgrößte Feuchtzone an der Algarve, mit mehr als zweihundertfünfzig Vogelarten.«

»Wow«, staune ich. Ich wusste gar nicht, dass es überhaupt so viele unterschiedliche Vogelarten gibt. Diese Möwe hat recht, das klingt ziemlich spannend. Oder ›inspirierend‹, wie sie wohl sagen würde.

Ich bin sogar superinspiriert!

»Und deine Menschen würden sich bestimmt über die Flamingos dort freuen. Menschen lieben sie, warum auch immer«, ergänzt sie ein klein wenig eifersüchtig.

Ich weiß gar nicht, wovon sie spricht. »Fla-was?«

»Stell dir vor, ein Vogel so groß wie ein Schäferhund, mit rosafarbenen Federn!«

»Übertreib mal nicht«, entgegne ich. »So große Vögel gibt es nicht.«

»Na, wenn du das sagst!« Die Möwe fliegt einen Kreis über mir, dann steigt sie höher in die Luft. »Ich muss los. Versuch dein Glück mal in den unzähligen Höhlen, die es an den Stränden gibt. Da lassen die Menschen Brot oder Kuchen zurück.« Es sieht aus, als würde sie mir zuzwinkern.

Das ist mal ein richtig guter Tipp.

»Und leg dich nicht mit den Flamingos an!«, kreischt sie, ehe sie in den Strahlen der aufgehenden Sonne am Horizont immer kleiner wird und schließlich verschwindet.

Ich blicke ihr nach. Die Feuerkugel am Himmel färbt den Himmel in ein flammendes Rot, während das Meer in einem satten Blau schimmert. Die Sonne scheint mit ihren Armen in alle Richtungen zu greifen: ins Meer, in die Wolken, in die Felsen. Ich stehe da und spüre, wie eine Welle der Ehrfurcht durch mich hindurchgeht. In diesem Moment fühle ich mich ganz klein und unwichtig, aber gleichzeitig auch Teil von etwas viel Größerem. Wenn ich nicht so pragmatisch wäre, würde ich vielleicht sagen, dass dieser Anblick ziemlich spirituell ist.

≈

Natürlich lernte Fotis in Portugal noch Flamingos kennen. Es gibt mehrere Punkte, an denen man sie bestaunen kann, doch der für uns beeindruckendste war das Naturschutzgebiet *Ria Formosa*. Dieses befindet sich direkt am Flughafen von Faro, auf dessen Parkplatz wir im November übrigens auch wunderbar ein paar Tage stehen konnten. In den dortigen Salzseen tummelten sich Hunderte Flamingos und andere Wasservögel und auf stundenlangen Wanderungen waren wir sowohl von ihnen, als auch von der Natur begeistert (und von den vielen Schildern, die auf Chamäleons hinwiesen – wo waren sie nur?).

Wer an die Algarve fährt, der möchte vermutlich auch die *Benagil-Höhle* sehen. Sie befindet sich zwischen Albufeira und Portimão und ist – wie viele Höhlen an der Algarve – am besten vom Wasser aus zugänglich.

Weil die Wellen zu harsch waren, entschieden wir uns gegen das Schwimmen der knapp hundert Meter vom Strand aus und begnügten uns mit dem Anblick von oben. Der war nicht schlecht, doch wesentlich besser gefallen hat uns *Praia da Marinha*! Das ist ein Strandabschnitt ganz in der Nähe, mit ähnlich erstaunlichen Kreidefelsen wie an der *Ponta da Piedade*.

Portugal hat uns landschaftstechnisch sehr überrascht. Die vielen steilen Küsten erinnerten uns an Irland, nur dass hier fast immer die Sonne scheint! Obwohl vor allem die Algarve touristisch sehr ausgebaut ist, hatten wir den Eindruck, dass dort mehr Wert auf die Erhaltung von naturbelassenen Abschnitten gelegt wird, als zum Beispiel in Spanien. Portugal ist für uns zu einem Sehnsuchtsort geworden, an den wir immer wieder gerne zurückkehren.

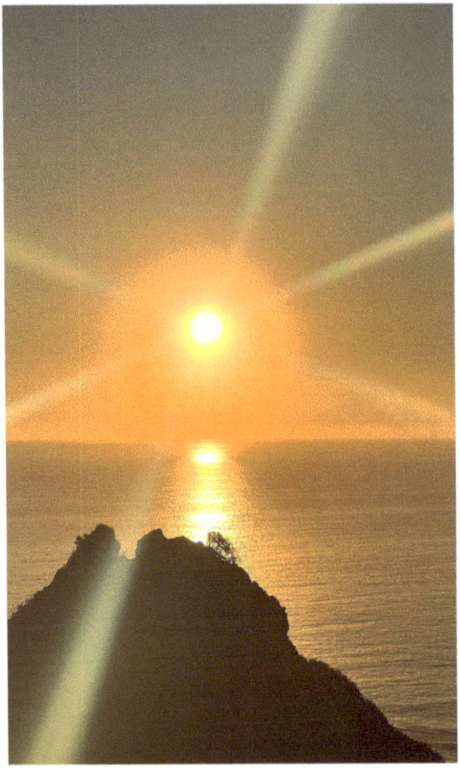
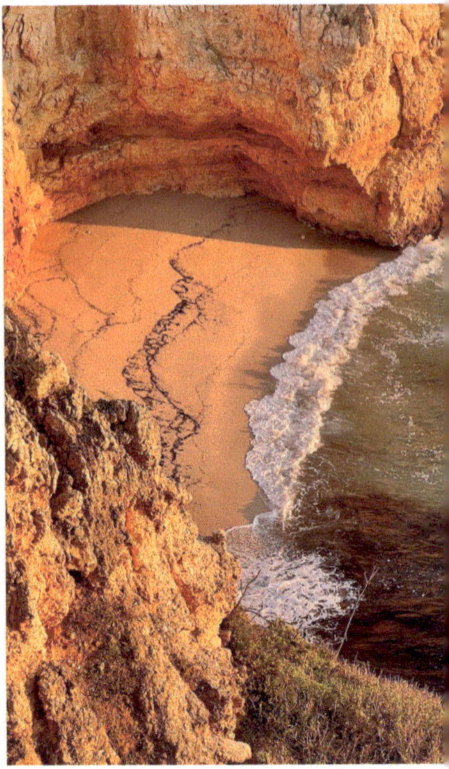
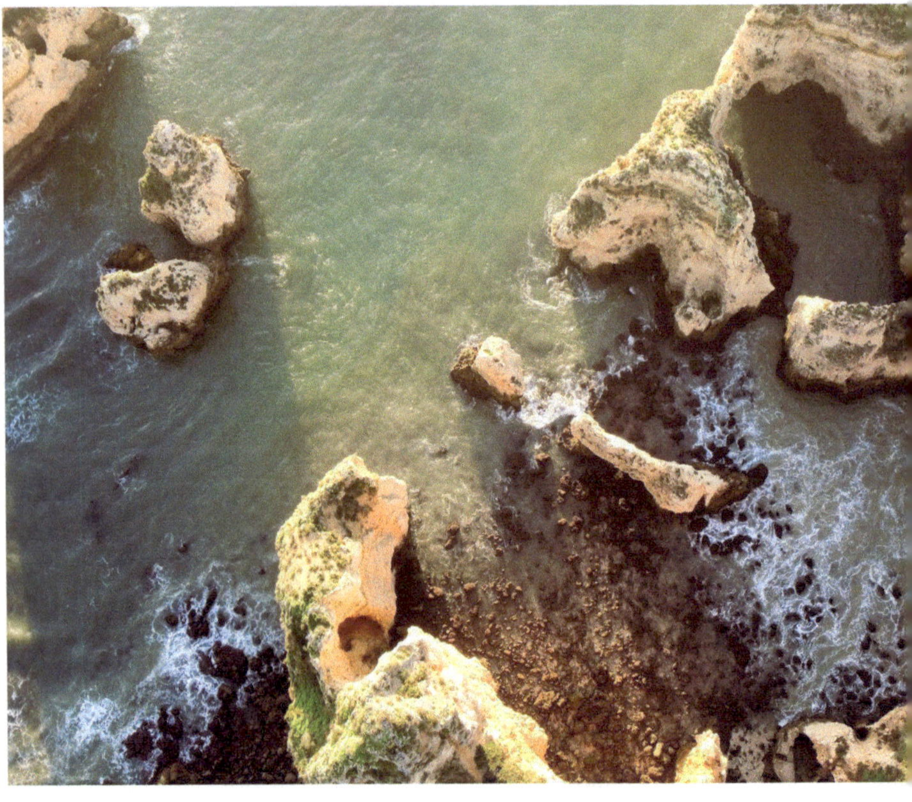

Kann man hier stehen?

Bevor sich die Räder unseres Vans zum ersten Mal drehten, fragten wir uns: Wie finden wir überhaupt die richtig schönen Plätze zum Freistehen, die es laut Social Media überall geben soll?

Zuallererst: Die wirklich tollen Plätze (vor allem am Meer) sind rar geworden. Man muss lange suchen, um ein »Stellplatz-Juwel« zu finden!

Doch von Anfang an: Es gibt Apps und Webseiten, die einem Infos darüber geben, wo zum Beispiel die nächste Wasserver- und Entsorgungsstation ist oder wo es Gasflaschen zu kaufen gibt. Das ist enorm praktisch in Regionen, in denen man sich nicht auskennt und wir orientieren uns wirklich oft daran. Darüber hinaus kann man dort auch Stellplätze finden, die manchmal mehr, meist aber leider weniger idyllisch sind. Mitunter wartet am Ende der von *Google* berechneten Route eine Enttäuschung.

Vermüllte oder überfüllte Plätze sind das kleinste Übel, das weitaus größere: Die Konsequenz eines zu egoistisch betriebenen Vanlife, ein Verbotsschild, am besten mit Höhenbegrenzung oder Schranke, das Camper vehement aussperrt. Das wundert einen auch nicht, wenn man sieht, wie schamlos manche Leute sind. Auf einem Behindertenparkplatz am Strand stehen? Kein

Problem für einige Camper, denn es zählt nur die »Regel Nummer eins: Jeder macht seins.« Da wird dreist ein Parkplatz in Beschlag genommen, von dem man in Deutschland ruckzuck abgeschleppt werden würde, aber im Ausland kann man es ja machen, weil so viel toleriert wird. Wird es wirklich. Ein Verbotsschild heißt nicht zwingend, dass die Polizei einen tatsächlich vom Strand wegschickt. Aber man sollte nicht so kaltschnäuzig sein, sich darauf zu verlassen, und seinen gesunden Menschenverstand einschalten, wann man eventuell die Gastfreundschaft überreizt. Denn das hat Folgen für alle: Wohnmobile und Vans werde immer weniger gern im Ausland gesehen und es wird ein Verbotsschild nach dem anderen aufgestellt.

Unser Weg zu Wohlfühl-Stellplätzen führt über *Google Maps*. Wir schauen uns die Karte an, zoomen an potenziell geeignete Plätze heran und studieren die Gegebenheiten. Schranken oder Höhenbegrenzungen sieht man oftmals schon auf den Satellitenbildern. Genauso wie die Umgebung: Grenzen Wohnhäuser an den Stellplatz, ergo könnten sich Menschen durch uns gestört fühlen? Würden wir unangenehm auffallen? Denn das ist das Wichtigste beim Freistehen: Bloß kein Aufsehen erregen.

Dazu gehört auch, kein Campingverhalten zu zeigen. Denn will man Stühle, Tisch, Grill und Markise auffahren, ist man auf einem Campingplatz sicherlich besser aufgehoben. Wir haben oft tolerante Polizisten erlebt, die Autos auch an grenzwertig geduldeten Plätzen stehen ließen – unter der Vorgabe »No Camping«. Doch wenn es ein resistentes Volk gibt, dann sind es Camper. Und natürlich ist da immer jemand, der meint, das Stückchen

Land, auf dem er gerade den Sonnenuntergang genießt, in seinen Vorgarten verwandeln zu müssen.

Wenn es dann nachts klopft, ist das meist nicht der Wohnmobil-Nachbar, der zum hochwertigen Grill gratulieren will, sondern ein streng dreinblickender Mann in Uniform, der statt netter Worte einen saftigen Strafzettel verteilt. Wir haben es mehr als ein Mal erlebt, dass ganze Plätze geräumt wurden, kaum dass Leute ihre zahlreichen Campingutensilien außerhalb ihres Wagens verstreut hatten.

Das Suchen auf *Google Maps* ist einfach – zumindest in der Theorie. Dennoch benötigt man häufig eine große Portion Geduld, ehe man den »perfekten« Spot gefunden hat. Manchmal stehen wir dann doch vor einer neu aufgestellten Höhenbegrenzung, oder die von *Google* angezeigte Straße entpuppt sich als sandiger Schotterweg mit Schlaglöchern und Felsbrocken mitten auf der Fahrbahn. Oder es stehen schon fünfzehn Wohnmobile dort und wir wollen lieber unsere Ruhe. Oder, oder, oder ...

Zuletzt mussten wir nach einer langen Fahrt auf einer rumpeligen Küstenstraße in Griechenland umkehren, weil eine Horde Ziegen es sich mitten auf der Fahrbahn gemütlich gemacht hatte. Und dann waren da auch noch die drei Böcke, die wie von Sinnen ihre Furcht einflößenden Hörner aneinanderschlugen und uns dabei gefährlich nah kamen. Der große, laute Wagen schüchterte sie keineswegs ein und sie schoben sich immer dichter vor unsere Motorhaube, sodass wir uns geschlagen gaben und den Rückzug antraten. Manchmal ist die bei *Google* eingezeichnete Straße auch gar nicht mehr zugänglich, weil das Grundstück verkauft und eingezäunt wurde. Oder *Google* führt einen für einen Parkplatz direkt am Strand tollkühn (oder weil es den Van mit einem Flugzeug verwechselt?) einen Abhang hinunter ... auch das haben wir schon von anderen Vanreisenden gehört.

Das klingt jetzt natürlich alles erst mal ein wenig nerviger, als einfach eine App anzuschmeißen und sich auf einen der Plätze zu stellen, die dort aufgeführt und bereits bewertet sind. Oft sind es aber eben solche publik gemachten Orte, die irgendwann geschlossen werden, weil die Einheimischen genug von den Leuten haben, die sich in Büschen entleeren und ihren Müll achtlos liegen lassen. Und davon gibt es leider nicht wenige. Wie oft haben wir selbst an der belebten Algarve Camper ganz selbstverständlich in den Busch am Strand verschwinden sehen – und uns gefragt: Muss das echt sein? Kackt ihr bei euch zu Hause auch in den Garten?

Unser früherer Lieblingsplatz in der Nähe von Tarifa wurde mittlerweile für Wohnmobile und Vans gesperrt. Wir hatten dort einen wunderschönen ersten Vanlife-Winter verbracht – und als wir ein Jahr später wiederkamen, war der Zauber verflogen, denn hier wollte man uns nicht mehr haben. Leider ist es wirklich keine Seltenheit, dass einzigartige Freistehplätze von der Bildfläche verschwinden. Umso größer wird die Eigeninitiative eines jeden Freistehers gefordert: Zum einen, »neue« Stellplätze zu finden und diese im besten Fall nicht mit der ganzen Welt zu teilen, und zum anderen den Platz sauberer zu verlassen, als man ihn vorgefunden hat. Wir sind mittlerweile dazu übergegangen, an unseren Stellplätzen Müll zu sammeln. So fühlen wir uns nicht nur wohler, während wir dort

Zeit verbringen, sondern verbessern auch den Ruf der Vanlifer. In Spanien waren die Einheimischen regelrecht begeistert davon, dass wir – zugegebenermaßen ihren – Müll aufsammelten. Und tatsächlich konnten wir uns dort ein paar Wochen unbehelligt aufhalten, was sicher nicht der Fall gewesen wäre, wenn wir unseren Dreck vor den Wagen geworfen und damit die Einheimischen gegen uns aufgebracht hätten.

Während im Winter viele Plätze in »ausländischer« Hand waren, änderte sich das Bild, sobald die Temperaturen wieder wärmer wurden. Die Einheimischen rollten an! Und damit erreichte auch die Duldung der Freisteher an »touristischen Highlights« ihr Ende. Wir beobachteten in verschiedenen spanischen Städten, dass spätestens zu Ostern die Polizei anrückte, und Wohnmobile und Vans höflich aufforderte, zu verschwinden. Ob ein Aussteigerstrand in Nerja, eine Küstenstraße in Peñíscola oder Dünen nahe Algeciras: Nun drückten die Beamten kein Auge mehr zu. Tatsächlich ist das auch nachvollziehbar, denn es kann nicht sein, dass ausländische Wohnmobile die Parkplätze für Einheimische blockieren, die ihr Wochenende am Meer genießen möchten. Da hilft nur: weiterfahren. Entweder auf einen Campingplatz oder in eine Region, die nicht so belebt ist.

Die Frage: »Kann man hier stehen?« würden wir final mit »ja, aber!« beantworten. Man kann wirklich an vielen schönen Flecken parken, wenn man sich die Mühe macht, sie zu suchen und dort nicht als erstes Tisch, Stühle und Fahrrad rausstellt, wie auf dem Campingplatz.

Sagres: Die letzte Bratwurst vor Amerika und eine Bisswunde

Ob auf dem Campingplatz oder an wilden Freistehspots – man ist selten ganz alleine, sondern wird immer wieder auf Nachbarn treffen, die ebenfalls mit einem Hund reisen. Um Konflikte zu vermeiden, sollten sich alle an ein paar Regeln halten.

Wir waren mittlerweile in Portugal angekommen und standen mit unserem Van an einem bekannten Surferstrand an der Algarve. Die Wetterbedingungen waren perfekt und der Parkplatz an der Küste daher mehr als gefüllt. Bei Sonnenschein und kühlem Küstenwind brachen wir am Morgen zu einem Spaziergang mit Fotis auf – sechs Kilometer an der grün bewachsenen Küste entlang, zum *Cabo de Vincente*. Eine Wanderung, die ich absolut jedem nur empfehlen kann!

Wir kamen ein paar Stunden später zurück und wollten gerade in unser Auto einsteigen, als urplötzlich ein Husky unter dem Van neben uns hervorschoss. Er zögerte nicht lange und stürzte sich scheinbar grundlos auf Fotis, der gegen die Attacke des großen Hundes wenig ausrichten konnte. Es dauerte eine gefühlte Ewigkeit, bis ich die beiden trennen konnte, und Fotis trug sogar zwei kleine Bisswunden davon.

Man könnte meinen, die Besitzer hätten Lust gehabt, dazu zu stoßen und ihren Hund wegzunehmen, doch die saßen erst mal unbeirrt hinter ihrem Wagen und genossen ihr Frühstück.

Bei einem genaueren Blick unter den Van sahen wir, was der Grund für den Angriff des Huskys gewesen sein musste: Die Besitzer hatten seinen Napf unter dem Wagen, nicht mal einen Meter entfernt von unserer Schiebetür platziert.

FOTIS

Die Algarve ist irre! Überall sind diese legendären Steilklippen, an die ich so nah wie möglich heranlaufe. Wow, wie tief es da runtergeht! Unter mir fliegen Möwen vorbei und ich frage mich immer wieder, wie ich an so einen Leckerbissen herankommen könnte – dass ich nicht fliegen kann, so wie Dracarys, habe ich mittlerweile begriffen, obwohl ich sonst sehr naiv durchs Leben tapse.

Die Wege hier sind umrandet von Agaven, bunten Blumen und duftenden Gräsern und die salzige Atlantikluft kitzelt mich in meiner Nase.

Heute ist ein außergewöhnlicher Tag (so wie jeder Tag ein außergewöhnlicher Tag ist, seit wir mit dem Auto unterwegs sind), der mit dem Ausflug zu einem Leuchtturm auf der Landzunge nicht besser hätte beginnen können. Dort roch es nämlich nach Bratwurst! »Der letzten Bratwurst vor Amerika«, wie die Menschen gesagt haben. Ich überlege, wieso wir keine gegessen haben, wenn es doch die Letzte vor Amerika war? Wo ist Amerika überhaupt? Ist es weit dorthin? Und da gibt es dann aber definitiv eine Bratwurst für mich?

Das sind die Fragen, die mich den ganzen Heimweg über beschäftigen. Ich vergesse die Wurst erst, als ich unseren Van entdecke, denn ich weiß, dass mich dort gleich ein ausgiebiges Frühstück erwarten wird.

Aufgeregt wedele ich mit dem Schwanz und laufe etwas schneller, was ganz schön anstrengend ist. Die Sonne brennt auf meinem Fell, und es wird nicht mehr lange dauern, bis sich jeder Schritt anfühlt wie ein Schritt durch einen glühenden Ofen. Seit wir hier sind, wird es tagsüber richtig heiß und ich werde früh am Morgen zum großen Gassigang gebeten. Zu dieser Zeit ist die Luft erfrischend, der Boden ist warm, aber nicht aufgeheizt und wenn ich Glück habe, sehe ich sogar ein paar Kleintiere auf ihrem Morgenspaziergang herumspringen.

Ich freue mich auf das Frühstück, das mir gleich serviert werden wird: eine ordentliche Portion Ziege! Ungeduldig ziehe ich meine Menschen zur Fahrzeugtür.

Plötzlich sehe ich ihn aus dem Augenwinkel: einen großen, grauen Schatten, der sich schnell auf mich zu bewegt. Bevor ich reagieren kann, spüre ich einen scharfen Schmerz in meinem Nacken. Panik schießt durch mich hindurch. Mein Herz rast, und ich kann kaum atmen. Was war das?

Ich drehe mich um.

»Alter, was geht denn mit dir?«, keuche ich, was bei meinen Menschen als hohes, markerschütterndes Schreien ankommt. Sorry, ich kann nichts für meine Stimmfarbe.

Ich blicke in ein paar sehr blaue Augen, die zu einem sehr düster dreinschauenden Husky gehören. Hinter ihm, unter seinem Auto, steht ein Futternapf.

»Mhm, Futter«, denke ich, und ehe ich mich versehe, stürzt er sich wieder auf mich. Dieses Mal schreie ich wirklich. Und meine Menschen schreien auch.

Es ist ein einziges Knäuel aus Geschrei, das mich vollkommen wahnsinnig macht, während ich versuche, den Zähnen des Huskys auszuweichen.

»Aua«, rufe ich. Ich spüre einen stechenden Schmerz im Nacken. Etwas in mir fordert, dass ich das nicht auf mir sitzen lassen kann. Das wird er bitter bereuen ... oder auch nicht, denn er ist so viel größer und stärker als ich.

Im nächsten Moment nimmt er mich quiekendes Häufchen wieder in den Schwitzkasten und schrammt mit seinen Zähnen über meinen Rücken.

Jetzt winsele ich und frage mich, wie dieser Tag so schnell eine so beschissene Wendung nehmen konnte. Meine Menschen, die die ganze Zeit vergeblich versucht haben, den Husky von mir fernzuhalten, bekommen ihn endlich zu fassen.

Mit meinen vor Panik aufgerissenen Augen sehe ich andere Menschen auf uns zu kommen. Gemächlich, so wie ich laufe, wenn ich ahne, dass es nach Hause geht. ›Widerstrebend‹ trifft es glaube ich ganz gut. Sie sprechen mit meinen Menschen, die übrigens mindestens so aufgewühlt sind wie ich. Sie lotsen mich in den Van, weg vom knurrenden Husky, der sich am liebsten aus dem Griff seiner Besitzer losreißen und mich kalt machen würde – das sehe ich genau.

Ich stehe geschützt auf einem halben Meter Höhe im Van, hinter meiner Menschin, die sich wie ein Zaun vor der Tür aufgebaut hat. Von hier kann ich den Husky ungeniert beobachten und ihm nun meinerseits ein Knurren entgegenschleudern.

»Wenn ich dich noch mal an meinem Napf erwische, dann gehen für dich die Lichter aus, Dummkopf!« Er starrt mich feindselig an, während sein Mensch ihn mit einem genervten Gesichtsausdruck mit aller Kraft weg-zuziehen versucht.

»Bro, ich wollte doch gar nichts aus deinem Napf«, sage ich beschwichtigend. »Wieso beißt du mich ein-fach?«

»Du standest davor«, gibt er zurück, so als wäre Herumstehen allein ein ahndungswürdiges Verbrechen. Andererseits ... Man soll sich in den Täter hineinver-setzen, oder? Wie fände ich es, wenn jemand vor meinem Napf stehen würde? In dem noch was drin ist? Hm, tja ... Ich wäre vermutlich auch ziemlich ungehalten.

»Wir parken hier. Wo hätte ich denn sonst einsteigen sollen?«, versuche ich ihm meine Position zu erklären.

Der Husky überlegt. Seine eiskalten Augen fixieren mich weiterhin. Wow, sein Mensch ist nicht wirklich gut darin, ihn aus der Situation herauszunehmen.

»Hau.Ab.Von.Meinem.Napf«, grummelt er zähneflet-schend und ganz langsam, so als würde er mit einer ignoranten Katze sprechen. Tz. Wer ist hier wohl nicht gerade der Kooperativste, Bro?

»Fotis, rein mit dir!«, sagt meine Menschin und schiebt mich von der Tür in den Flur. Mein anderer Mensch diskutiert mit einem der beiden, die zum Husky gehören. Mein aggressiver Freund wird hinter das Auto nebenan gezerrt, sodass ich ihn nicht mehr sehen kann. Zeit durchzuatmen. Was für ein Morgen.

Ich springe aufs Bett, um auf mein Futter zu warten, das ich mir jetzt wirklich verdient habe. Dabei erinnert mich ein ziehender Schmerz an die Zähne des Huskys.

Ich drehe mich um und versuche mich an der Stelle zu lecken, doch da sitzt schon meine Menschin neben mir.

»Hat er dich etwa verletzt?«, fragt sie und klingt besorgt.

»Halb so wild«, antworte ich, auch wenn ich natürlich weiß, dass sie mich nicht versteht. Sie fährt mir durchs rotbraune Fell und untersucht meine Haut, bis sie die zwei kleinen Bisswunden gefunden hat.

Tierarzt-Tipp: Wunden behandeln
von Dr. Meike Does

Man unterscheidet zwischen oberflächlichen und tiefer gehenden Verletzungen:

Oberflächliche Verletzungen sollten zunächst mit Kochsalzlösung ausgespült werden. Im Anschluss kann eine Jodlösung oder Honigsalbe aufgetragen werden. Je nach Lage der Verletzung kann sie verbunden werden oder einfach an der Luft heilen. Wichtig ist dabei, dass der Hund nicht daran lecken kann.

Tiefe Verletzungen sind immer ein Fall für den Tierarzt! Als Erste-Hilfe-Maßnahme kann die Wunde mit einer Kochsalzlösung ausgespült und dann abgedeckt werden. Dann ab zum Tierarzt!
Bitte keine Cremes oder Sprays auftragen, denn das macht es dem Tierarzt schwerer, das Ausmaß der Verletzung zu erkennen.

Diese Situation lehrte uns, dass wir – wie so oft im Leben – immer mit der Dummheit und der Ignoranz anderer Menschen rechnen müssen. Seitdem steht aber auch bei uns kein Futternapf mehr vorm Auto und wir achten verstärkt darauf, unsere Hunde nicht zu Wohnmobilen zu lassen, vor denen Näpfe aufgebaut sind.

Es ist generell ratsam, den Hund nicht zu einem vor einem Wohnmobil liegenden fremden Hund zu lassen. Ihr wisst nie, wie territorial dieser Hund ist und ob er nicht angreifen würde, wenn er das Gefühl hat, das sich euer Hund unbefugt seinem »Grund und Boden« nähert. Bei manchen Hunden reichen selbst fünfzehn Minuten auf einer Decke am Strand, um einen territorialen Anspruch zu entwickeln. Wer kennt nicht den Spruch: »Die regeln das schon unter sich«? Niemand bezweifelt, dass Hunde in der Lage sind, Konflikte auszutragen. Doch wir als Besitzer sollten dafür sorgen, unsere Hunde nicht bewusst in Streitigkeiten zu schicken, die wir bereits vorhersehen können.

Um bei besagtem Husky aus Portugal zu bleiben: Ich glaube nicht, dass der Hund an sich aggressiv war. Er reiste mit einer Familie, die kleine Kinder dabei hatte und benahm sich den restlichen Tag über absolut vorbildlich, wenn fremde Leute oder andere Hunde an ihm vorbeiliefen. Aber: Er hatte eine ausgeprägte Futteraggression, und seine Menschen müssten das natürlich gewusst haben. Indem sie unaufmerksam waren und seinen Napf nicht etwa in ihrer eigenen Sichtweite, sondern direkt neben der Eingangstür eines anderen Wagens abgestellt haben, haben sie ihn in eine absolut unangenehme Situation gebracht, die so leicht zu vermeiden gewesen wäre.

Cádiz: Weihnachten in den Dünen und flauschiger Besuch

Auf dem Weg gen Süden verschlug es uns in die Region Cádiz. Hier reihen sich lange Sandstrände aneinander und dank perfekter Bedingungen stürzen sich Surfer nahezu ganzjährig in die Wellen vor den Küstenstädten.

Wir parkten unseren Van Mitte Dezember direkt neben den Dünen an einem weitestgehend leeren Strand. Bei gleißendem Sonnenschein und gefühlten achtundzwanzig Grad stellten wir die reduzierte Weihnachtsdekoration auf, die ich auf unserem Weg durch Portugal in einem Dekogeschäft geschossen hatte: einen kleinen roten Lichterbogen.

In zwei Tagen war Heiligabend, der erste, den wir nicht im kalten Deutschland verbrachten. Das Gefühl, zu dieser Jahreszeit barfuß durchs Wasser zu laufen und sich anschließend in den weißen, feinen Sand zu legen, war gigantisch! Unser schönstes Weihnachtsgeschenk in diesem Jahr: Sonne und Sommerwetter!

In den kommenden Tagen erkundeten wir die Strände und Wanderwege der Umgebung. Dabei begegneten wir frei laufenden Rindern, die ihre Kälber durch Flussläufe am Meer führten, Gottesanbeterinnen, die unerwartet vor unseren Füßen auf der Straße auftauchten, und

Reiher, die zielstrebig ihr Mittagessen aus den Fluten fischten.

An Heiligabend machten wir etwas für uns eher Untypisches: Wir holten unseren Klapptisch und die Stühle aus dem Kofferraum und richteten uns einen kleinen Dinnerspot her. Zur Feier des Feiertages, sozusagen. Es gab Rotkohl, Kartoffeln und Rahmchampignons und zum Nachtisch deconstructed Banoffee Pie.

Es war also ein richtiges Festmahl, das noch besser schmeckte, als wir ungeplanten Besuch bekamen: Auf einmal leisteten uns Pferde Gesellschaft, die neugierig durch die offene Wagentür in den Van hinein schauten und zutraulich an unseren Tisch kamen, ehe sie auf der angrenzenden Wiese grasten. Es war ein wirklich einmaliges Weihnachten.

Überhaupt muss ich sagen, dass sich für uns Weihnachten in der Sonne sehr leicht angefühlt hat. Zu Hause in Deutschland hetzten wir in der »besinnlichen« Zeit von einem Termin zum anderen. Wir hatten unzählige To-dos auf dem Zettel: Adventskalender basteln, Geschenke besorgen, Weihnachtskarten schreiben, Kekse backen, die Weihnachtstage planen … All solche Aufgaben fielen in diesem Jahr fast vollständig von uns ab. Natürlich überlegten wir uns, wie wir unseren Liebsten auch von unterwegs eine Freude machen konnten und verschenkten Kalender mit Fotos von den schönsten Orten unserer bisherigen Reise. Auch Weihnachtskarten wurden verschickt, mit einem Motiv von »unserem« Strand, mit einem kleinen Weihnachtsmann im Vordergrund, der vor dem türkisblauen Meer an einem Schilfrohr baumelte. Dieser kleine Kerl entstammte einem Überraschungsei, das David aus dem einzigen geöffneten, winzig kleinen Supermarkt für mich mitgebracht hatte. Dank spezieller Apps geht das Personalisieren einer Postkarte ganz fix und vor allem kommt sie innerhalb von ein bis zwei Tagen an – perfekt für alle Reisenden, die einen kleinen Gruß verschicken wollen (nicht nur an Weihnachten).

Wir genossen gerade die Ruhe in der sonst so trubeligen Zeit des Jahres, da stand unvermittelt eine Hündin vor uns. Ein Mischling, mit treuen Augen, die sich über Wasser und Zuneigung freute. Und weil sie sich wie selbstverständlich zu Fotis vor unseren Wagen legte – normalerweise ist er fremden Hunden gegenüber skeptisch und es war überraschend, dass er sie duldete – gaben wir ihr sogar ab und an etwas Futter.

Wir dachten immerzu: Die arme Straßenhündin, die sich hier den Winter über durchschlagen musste ... Sie sah zwar nicht abgemagert aus, allerdings war unser Stellplatz voll mit Campern und wir waren logischerweise nicht die Einzigen, die ein Herz für sie hatten.

Die Tage vergingen und sie benahm sich, als gehörte sie zur Familie. Wenn wir mit Fotis umher spazierten, schloss sie sich uns an und trabte gemütlich neben uns her. Nachmittags verschwand sie, um am nächsten Morgen wieder vor unserer Tür zu stehen. Das ging zwei Wochen so und wir nannten sie »Noel«, weil sie an Weihnachten zu uns gestoßen war. An einem Tag kam sie furchtbar zerzaust und völlig verdreckt zu uns und stank, als hätte sie sich in einer ganzen Wagenladung Kuhmist gewälzt. Fotis gefiel das erwartungsgemäß sehr und er wollte gar nicht mehr von ihrer Seite weichen.

Am darauffolgenden Tag tauchte Noel mittags wieder bei uns auf: gewaschen. Da kam bei mir zum ersten Mal der Verdacht auf, dass sie vielleicht gar keine Streunerin war, sondern ein Zuhause hatte. Oder dass sich zumindest jemand in soweit um sie kümmerte, dass er sie fütterte und badete.

Tja. Was soll ich sagen? Irgendwann verschwand Noel und wir sahen sie eine ganze Weile nicht wieder. Da gerade Silvester gewesen war, befürchteten wir schon das Schlimmste; dass sie sich vor Knallern erschreckt hatte und vor ein Auto gelaufen war zum Beispiel. Als wir am wenigsten damit rechneten, streunte sie auf einmal wieder über den Parkplatz und kam zielsicher auf unseren Van zu. Die Wiedersehensfreude war bei uns allen riesengroß – vor allem bei Fotis! Sie legte sich bei uns ab und döste in der Nachmittagssonne.

Es ging schon auf den Abend zu, als ein Pick-up laut hupend die Straße neben dem Parkplatz entlang fuhr. Wir dachten: Was soll das denn? Will der Einheimische die Camper vertreiben? Aber Noel dachte sich vermutlich: »Hey, Papa, warte auf mich«! Denn sie setzte sich unvermittelt auf und hechtete dem Auto hinterher, um hinten auf die Ladefläche zu springen.

Aha! Sie hatte also definitiv ein Zuhause und einen Menschen, der sich um sie kümmerte.

FOTIS

»Hola, Chico!«

Ein verfilzter Flohteppich reißt mich aus meinen Träumen, nachdem ich eben erst in der Vormittagssonne vor unserem Wagen eingeschlafen bin. Sie steuert geradewegs auf mich zu, auf mein Revier, doch ich bin zu perplex und zu müde, um sie anzubellen.

»Äh, hallo?« Ich erhebe und strecke mich behäbig.

»Seid ihr gerade angekommen?«, fragt sie und hält mir ihren Hintern hin, damit ich sie beschnüffeln kann. Nicht schlecht, sie weiß, was ich will.

»Gestern«, antworte ich und beobachte, wie sie sich dreist auf den Platz legt, auf dem ich eben noch geschlafen habe. Die hat ja Nerven! Normalerweise wäre ich jetzt angesäuert und würde vermutlich sogar knurren. Doch sie hat irgendetwas Deeskalierendes in ihrem Gesicht, sodass ich gefasst bleibe.

»Und, wie gefällt es dir hier?«, fragt sie und streckt ihren cremefarbenen Bauch der Sonne entgegen.

»Es ist super. Am Strand liegt überall Essen«, platzt es aus mir heraus und ich kann nicht unterdrücken, dass mir das Wasser im Maul zusammenläuft. Ich habe in der kurzen Zeit hier schon allerhand Köstlichkeiten entdeckt: Baguetteenden, Chips, frischen Fisch und Exkremente, mein absolutes *Guilty Pleasure*, von dem meine Menschen mich leider stets mit schrillem Geschrei fernhalten wollen.

»Chico, bekommst du denn bei deinen Leuten nichts?«, fragt sie überrascht.

»Doch«, gebe ich zurück. »Aber nicht so was!«

»Luxusprobleme«, seufzt sie und legt ihre Schnauze auf ihren hellen Vorderbeinen ab.

»Und du?«, frage ich. »Wohnst du hier?«

»Hier?« Sie hebt den Kopf und lässt ihren Blick über den steinigen, mit Schlaglöchern übersäten Parkplatz schweifen. »Um Himmels willen, nein. Ich hole mir nur mein zweites Frühstück ab.«

»Dein was?«

Sie seufzt und steht auf. »Pass auf.«

Ich sehe ihr nach, wie sie zu einem Wohnmobil ein paar Meter entfernt von uns trabt und sich vor die geöffnete Eingangstür setzt. Sie legt ihren Kopf schief – sicherlich kein Trick, den sie erfunden hat, und der mir bei meinen Menschen in den seltensten Fällen hilft – und winselt ein wenig.

Ein Mann kommt zu ihr hinaus und blickt sie verzückt an. Ich höre ihn rufen: »Da bist du ja wieder! Hast du Hunger?«, und er entleert etwas in seiner Hand, das wie eine Leckerlipackung aussieht.

Sie kaut genüsslich und lässt sich von diesem äußerst spendablen Menschen eine Weile streicheln, ehe er wieder in seinem Wohnmobil verschwindet und sie zu mir zurück trabt.

»Oh, wer bist du denn?«, fragt meine Menschin, die gerade hinter mir aufgetaucht ist. Mein Gegenüber vollführt die gleiche Vorstellung wie vor ein paar Minuten: Sie guckt mitleiderregend, winselt – und ohne hinzusehen, weiß ich, dass meine Menschin bei ihrem Anblick sämtliche Gehirnzellen verliert.

»Arme Maus«, sagt sie. »Du bist ja ganz verzottelt. Lebst du auf der Straße?«

Ich rolle mit den Augen. Meine Menschen werden niemals verstehen, dass wir ihnen nicht antworten werden.

Nicht heute und nicht morgen.

Niemals.

»Ich schaue mal, ob ich Wasser und was zu Essen für dich habe.«

Nachdem sie sich umgedreht hat und im Wagen von meinem Vorrat ein Festmahl für die Schauspielerin des Jahres vorbereitet, zische ich die Hündin an. »Ey, das ist mein Essen!«

»Mach keinen Stress, Chico, du hast doch eben selbst gesagt, dass du lieber den Fraß vom Strand fressen willst.«

Treffer, versenkt!

»Und außerdem wette ich, dass deine Menschen genug Futter für uns beide dabei haben.«

Ich schnaube. Doch widersprechen kann ich ihr nicht. Und ehrlich gesagt imponiert mir ihre Dreistigkeit.

»Wie heißt du überhaupt?«, will ich wissen.

»Nenn mich Lucky«, antwortet sie lächelnd. »Die Glückliche.«

Natürlich. »Ich bin Fotis.« Ich strecke meinen Rücken durch und bemühe mich, möglichst selbstsicher auszusehen. »Ich erlaube dir, hierzubleiben, aber dafür musst du mir beibringen, wie du die Menschen so um den Finger wickelst.«

»Also erstens«, sagt sie und leckt sich mit der Zunge Futterkrümel aus den Maulwinkeln, »brauche ich deine Erlaubnis nicht - wenn überhaupt, erlaube *ich* dir, hier in meinem Ort zu bleiben. Du bist der Gast, nicht ich.«

Oh. Ich fürchte, damit hat sie recht.

Sie lässt sich langsam wieder zu Boden sinken und streckt sich genüsslich in der Sonne. »Und zweitens bist du nicht fürs Betteln gemacht.« Sie mustert mich abschätzig. »Du bist viel zu sauber und zu gepflegt.«

Aus ihrem Maul klingt das wie ein Schimpfwort. So als würde ich in Hundesalons anhängen und mir eine Pediküre nach der anderen gönnen.

»Gepflegt? Ich?«

Ich halte ihr meine Pfote mit den Krallen entgegen, die dringend mal wieder gekürzt werden müssten. »Außerdem habe ich mich vorgestern erst in Ziegenmist

90

gewälzt«, erkläre ich nachdrücklich. »Riechst du das etwa nicht?«

»Nein«, antwortet sie gelangweilt. »Deine Menschen haben dich mit einer Olivenseife gewaschen, *das* rieche ich.« Sie leckt sich über das verfilzte Fell ihrer Brust. »Menschen sind spendabel mit Futter, sofern du ihren Helferinstinkt weckst. Und das tust du, wenn du aussiehst, als würdest du unter einer Brücke schlafen.«

»Unter einer Brücke?«, frage ich entgeistert. »Warum sollte ich das machen?«

»Es mag dich überraschen, aber Hunde, die nicht bei Menschen leben, schlafen an den dreckigsten und kältesten Orten.«

Mir läuft direkt ein eisiger Schauer über den Rücken. Mein warmes, weiches Bett möchte ich nicht missen. »Und du schläfst auch unter einer Brücke?«

»Nein«, grinst sie. »Aber ich sehe so aus.«

Sie scheint es in meinem Kopf rattern zu sehen.

»Manchmal mache ich einen Abstecher zu einer der Rinderherden und wälze mich in einem riesigen Haufen, bevor ich hierher komme. Dann brauche ich nicht mal traurig gucken, ehe die Menschen mir was zu essen bringen. Sie wollen wohl, dass ich schnell wieder gehe und ihr Auto nicht voll stinke, oder ihren eigenen Hund mit irgendwas anstecke. Die werfen mir ein wenig Futter hin und ich trotte weiter. Und manche Menschen übertreiben es richtig und rücken in Ermangelung von Hundefutter die wirklich guten Sachen raus: Reste von ihrem eigenen Essen! Chico, hast du schon mal Kartoffeln mit brauner Soße und zart gegartem Rind gegessen?«

Ich schüttele den Kopf. Wenn ich Lucky erzähle, dass ich Allergiker bin, lacht sie mich garantiert aus.

Aber trotzdem weiß ich, dass Menschenessen der Hammer ist. Es gibt so viele Gewürze und Aromen darin, die auf meiner Zunge explodieren und mein ganzes Maul zum Kribbeln bringen. Eigentlich sollte ich mich davon fernhalten, denn ich vertrage es absolut gar nicht; was mir leider oft erst wieder einfällt, nachdem ich es hektisch heruntergeschluckt habe, bevor einer meiner Menschen es mir entreißen kann. Es schmeckt einfach zu gut, um vor dem Hineinbeißen über die Konsequenzen nachzudenken.

»Oder Nudeln mit Käsesoße?«

Ich seufze. »Das klingt großartig.«

»Das ist es, Chico.«

Ich frage mich, weshalb sie mich weiterhin »Chico« nennt, obwohl ich ihr meinen Namen gesagt habe. Normalerweise fände ich es echt respektlos, aber vielleicht ist das Wort eine spanische Alternative zu »Kumpel«? So oder so, solange Lucky von ihrem aufregenden Leben erzählt, darf sie mich nennen, wie sie möchte.

»Bekommst du gar keine Bauchschmerzen von so was?«, will ich wissen. Hat sie vielleicht einen Tipp, um meinen empfindlichen Magen auszutricksen?

»Quatsch«, entgegnet sie energisch, zögert dann aber. »Na ja, manchmal vielleicht«, gibt sie zu.

Aha! Die Lady ist also doch nicht so tough, wie sie tut. Aber immer noch tough genug. Ich finde sie ziemlich cool.

»Stört es dich, wenn ich noch eine Weile bleibe?«, fragt sie und blinzelt mich an.

»Äh«, druckse ich verlegen. Was eigentlich nicht meine Art ist. Ich bin mehr so der direkte, mit der Türins-Haus-fallende Typ, der anderen Hunden – und auch Menschen – eher aufdringlich als zurückhaltend begegnet. »Nein, schon gut. Bleib ruhig.«

Sie rückt ein Stück näher an mich heran und mein Herz pocht, als wir eng nebeneinander in der Sonne dösen und dem Meeresrauschen lauschen. Lucky weiß scheinbar nicht nur, wie man Menschen um den Finger wickelt.

Sie bleibt bis zum frühen Abend, als ich zum Spaziergang gerufen werde. Ich möchte mich ungern von ihr trennen, denn neben ihr zu liegen gibt mir das Gefühl, dass ein wenig ihrer Coolness auf mich übergeht.

»Wohin gehts?«, fragt sie mich und rappelt sich auf.

»An den Strand, denke ich.« Meine Menschen stecken einige Leckerlis in ihre Taschen und Lucky verfolgt ihre Bewegungen genau.

»Klingt gut.« Sie schüttelt sich. »Ich komme mit, ehe ich zum Abendessen nach Hause gehe.«

Sie setzt einen unglaublich leidenden und gleichzeitig sehr hübschen Blick auf. Während ich ihre braungolden gesprenkelten Augen betrachte, bekomme ich fast gar nicht mit, dass meine Menschen ihr eine Handvoll Leckerlis hinhalten. Sollen sie ruhig. Ich habe gar keinen Hunger.

Moment.

Ich habe doch immer Hunger. Was ist los mit mir?

Wir wandern durch den weichen Sand, der zum Meer hin immer fester und damit weniger anstrengend für unsere Beine wird. An der Wasserkante liegen Hunderte bunte Muscheln und weiße Korallenbruchstücke, die von meinen leicht zu beeindruckenden Menschen bestaunt werden.

Lucky trottet neben mir her und genießt die Aufmerksamkeit, die meine Menschen ihr geben, weil »dieser Straßenhund so bezaubernd« ist. Sie versteht es, im richtigen Moment den Kopf zu ihnen zu drehen und für meine Begriffe grundlos ein Leckerli abzustauben, für das ich normalerweise dämliche Kunststücke vollführen muss.

»Los, lass uns da oben auf die Düne laufen«, ruft sie nach einer ganzen Weile, als die Sonne sich hinter den Berg schiebt und den Himmel um sich herum orange und pink leuchten lässt. Sie deutet mit ihrer Schnauze auf einen monströsen Sandberg, der so aussieht, als könne man phänomenal darauf toben.

Ich folge ihr - aber nicht, ohne meinen Menschen einen fragenden Blick zuzuwerfen. Sie geben mir mit einer Handbewegung zu verstehen, dass ich laufen darf, und nun hält mich nichts mehr zurück.

Mein Ehrgeiz ist gepackt! Ich will Lucky einholen, die augenscheinlich die Königin der Bettelei sein mag, aber hey, ich bin der König der Sprinter! Von null auf hundert in zwei Sekunden – das ist kein Problem für mich! Ich sause an Lucky vorbei, die sich durch den tiefen Sand die Düne hinauf kämpft. Als ich – selbstverständlich zuerst – oben angekommen bin, grinse ich sie triumphierend an.

»Nicht schlecht, Chico«, schnauft sie. »Und jetzt geht es wieder abwärts!« Sie rutscht den steilen Abhang auf der anderen Seite der Düne auf ihrem Hintern hinab und überschlägt sich dabei fast. Das sieht lustig aus! Ich habe so was noch nie gemacht, denn solche Sandberge gibt es bei uns nicht. Aber selbstverständlich denke ich nicht lange darüber nach und stürze mich hinterher. Ich kullere hinunter und versuche dabei, Lucky im Auge zu behalten, die das Rutschen im Sand sichtlich genießt. Sie lächelt und gluckst und schlittert bäuchlings weiter.

»Machst du das jeden Tag?«, rufe ich zwischen zwei Rollen, durch die ich sie fast eingeholt habe.

»Fast jeden«, gibt sie lachend zurück.

Was für ein Leben! Ich wollte meine Menschen eigentlich fragen, ob sie mit uns kommen kann, aber möglicherweise sollte ich einfach bei ihr bleiben?

Unten angekommen schütteln wir uns und jagen einander durch die weniger hohen Dünen, ehe wir uns hechelnd neben einer Baumgruppe ablegen. Die Sonne ist mittlerweile vollständig hinter dem Berg verschwunden und ein riesiger Schatten überzieht den Strand.

»Machen Brücken-Hunde das auch?«, will ich wissen. Könnte ich wohl ein Straßenhund sein? Futter erbetteln und dann in den Dünen toben! Das klingt nach einem Leben, das mir gefallen würde. Und das mit dem Schlafen unter der Brücke ist vielleicht gar nicht so schlimm, wie ich es mir vorstelle.

»Eher nicht«, entgegnet sie ernst.

Ich sehe sie verwundert an. »Aber, es macht doch so viel Spaß!«

»Na ja, Chico«, sagt sie und leckt sich über ihre Pfote. »Die haben nicht viel Energie für so was. Die bekommen eben nicht jeden Tag was zu essen, so wie du oder ich. Wenn zum Beispiel das Wetter schlecht ist, kommt niemand an den Strand, der sie füttern könnte. Dann bleiben nur die Mülltonnen. Und wenn da nichts drin ist ...«

Moment.

»Mülltonnen?«, frage ich angewidert.

Ich würde niemals Essen aus einer dieser stinkigen, verklebten Tonnen holen, in denen sich zu allem Überfluss auch noch flohbesiedelte Katzen tummeln und alles anlecken. Die sind so was wie meine Erzfeinde.

»Klar. Ist nichts anderes, als wenn du den Müll vom Strand frisst.« Lucky schmunzelt und fährt sich mit ihrer Pfote über die Augen, um einzelne Sandkörner von ihren langen weißen Wimpern zu reiben.

»Ich fresse doch keinen Müll«, insistiere ich. Beim Gedanken daran, in einer Mülltonne herumzustöbern, wird mir übel. Abgesehen von Katzen und dem ekelhaften Außenzustand der Tonnen stinkt es daraus oft widerlich beißend - ich glaube, die Menschen nennen das Alkohol - und die Lebensmittel, die man in so einer Tonne finden könnte, sind vermutlich komplett verschimmelt. Die würden mich glatt in die nächste Tierklinik befördern.

Nein, danke.

»Musst du auch nicht. Du schläfst ja nicht unter einer Brücke.« Lucky wirft sich auf den Rücken und grinst mich an. Sie sieht aus wie eine hellbraune Version der Grinsekatze, die mich kopfüber mit ihren großen Augen betrachtet. »Ihr Touristenhunde denkt immer, ihr wäret über die Maßen abenteuerlustig und mutig.« Sie seufzt pathetisch. »Das könnt ihr natürlich auch sein, weil ihr Menschen habt, die auf euch aufpassen. Sie kaufen Säcke voller Futter, haben Medizin gegen Bauchweh und beschützen euch vor allem Bösen.«

»Das klingt, als wäre ich ein hilfloses Kind«, brumme ich.

Pah. Wer wohl wen beschützt! Meine Menschen wären ohne mich vollkommen verloren.

»Ja, gewissermaßen bist du das«, grinst sie. »Deine Menschen lieben dich. Und das ist fantastisch. Mein

Mensch kümmert sich auch gut um mich und ich möchte mein Leben mit ihm gegen nichts auf der Welt eintauschen.«

»Aber du streunerst doch selbst herum.« Ich verstehe Lucky nicht so ganz.

»Wie sagen die Menschen so schön: ›Best of both worlds‹.«

»Hä?« Ich sehe sie ratlos an. »Was bedeutet das?«

»Dass ich das große Glück habe, mir aussuchen zu können, wer ich heute sein will. Und jetzt« – sie reckt ihre Nase zum Himmel und schnüffelt konzentriert – »verwandle ich mich vom freien, bettelnden Straßenhund wieder in den treuen Hund meines Menschen, der mir meinen Napf mit dem Abendessen hinstellt.« Sie rappelt sich auf. »Also, Chico, hasta luego!«

Lucky schüttelt sich den Sand aus dem Fell und wirft ihren Kopf von links nach rechts. Dabei flattern ihre Schlappohren hin und her. Sie ist so lässig!

Und so hinreißend.

»Kommst du morgen wieder?«, frage ich, als sie sich langsam in Bewegung setzt.

»Was glaubst du denn, was ›hasta luego‹ heißt?« Sie lacht und zwinkert mir zu. »Lass mir was von deinen Ziegenleckerlis übrig, die sind der Hammer!«

~

Was wir damit sagen wollen: Es gibt in Spanien (und in anderen Ländern) viele frei laufende Hunde, teilweise mit, teilweise ohne Halsband, die wie Freigängerkatzen in Deutschland unbekümmert durch die Straßen stromern. Sie kennen die beliebten Camperspots und lassen sich dort durchfüttern. Und sie wissen, dass sie nur knuffig gucken müssen, um ein Leckerli abzugreifen.

Das soll kein Aufruf sein, leidenden Tieren nicht zu helfen! Denn auch die gibt es.

Doch hört man sich um, so ist es leider kein Einzelfall, dass Camper Hunde von Einheimischen ganz selbstverständlich mitnehmen, weil sie denken, sie müssten das arme Tier »retten«. Und stellen wir uns mal vor, irgendwer würde unseren Hund einpacken und mit ihm in ein anderes Land fahren.

Spanisches Inland: Sturmflucht und Bauchweh

Eines der wichtigsten Tools, das wir sogar mehrmals täglich nutzen, ist: (Spannung!) ... eine Wetter-App!

Ja, wir haben ein Fenster, aus dem wir schauen können. Ja, wir hören Regen, wenn er auf unser Dach prasselt (übrigens ein nicht zu unterschätzender Nervfaktor, wenn es tagelang ununterbrochen regnet). Und wir merken es selbstverständlich, wenn unser Van im Sturm wie ein fragiles, kleines Segelboot von rechts nach links geschaukelt wird. Doch so weit wollen wir es erst gar nicht kommen lassen. So wenig, wie wir planen, was wir am nächsten Tag unternehmen oder wo wir in einem Monat sein werden, so penibel beobachten wir das Wetter.

Zu der Zeit, in der wir unweit von Tarifa das milde Neujahrswetter und tägliche Spaziergänge am kilometerlangen Sandstrand genossen, kündigte sich plötzlich ein Sturm an. Der Wind trieb die feinen Sandkörner von Tag zu Tag aggressiver über die Dünen, sodass wir in manchen Stunden einen fliegenden Teppich aus Sand beobachten konnten. Je mehr es aufwindete, desto stärker ruckelte auch unser Van. Vor allem nachts stresste uns das, und wir machten uns außerdem Sorgen um die klappernden Solarpanels auf dem Dach. Ein genauerer Blick auf die Windkarte von *msn.com* verriet uns, dass es allerhöchste Zeit war, zu verschwinden. Nicht nur die direkte Umgebung von Tarifa, sondern auch ein großer Teil der Küste Andalusiens war in den kommenden Tagen in einen roten Schleier gehüllt, was bei *msn* – zumindest für Leute, die im Auto leben – so viel hieß wie: »Nichts wie weg!« Das Gute an der animierten Karte war, dass wir nicht nur sahen, wohin das Unwetter zog, sondern auch, in welchem gelben oder grünen Areal wir einen Stellplatz zur Überbrückung finden konnten.

Der windstille Bereich, den wir auserkoren hatten, lag im Landesinneren. Noch ziemlich am Anfang unserer »Vanlife-Karriere« erschien uns das wie ein arger Ritt, während wir heute über eine vierstündige Fahrt nur lachen können.

Der Parkplatz, auf dem wir standen, leerte sich nur langsam. Offenbar wollten sich viele nicht von dem aufziehenden Unwetter aus diesem Paradies vertreiben lassen. Auch ich blickte wehmütig in den Rückspiegel, als wir über den Berg auf die Landstraße fuhren und das leuchtend blaue Meer hinter uns immer kleiner wurde.

Wir brauchten den ganzen Nachmittag für die Route, die *Google Maps* uns diktierte. Mitten im Nirgendwo befand sich ein See, umringt von Hügeln und unwegsamen Straßen. Die Anfahrt war ein wenig abenteuerlich, doch sobald wir auf den großen Platz rollten, wussten wir: Die Trennung von unserem Traumstrand war die richtige Entscheidung gewesen.

Wir parkten direkt am Wasser, mit nur drei anderen Fahrzeugen ein ganzes Stück von uns entfernt. Der

Sturm, der an der Küste wütete, war hier nur ein laues Lüftchen.

Was ebenfalls fehlte, war ein Internetsignal. Wir mussten eine ganze Weile manövrieren, ehe wir an unserem Standort zumindest ein mäßiges Signal abgreifen konnten (ja, der Aufenthalt an diesem See war mit ein Grund für die *Starlink*-Anschaffung).

Am nächsten Morgen weckten uns Hunderte Schafe, die mit Glocken um den Hals lautstark an unserem Van vorbeischlenderten. Wir waren beseelt: es waren viele Lämmer dabei, die genau wie die erwachsenen Tiere unbeeindruckt von uns oder Fotis ihrer Wege zogen.

Die »Notunterkunft« entpuppte sich als echter Glücksgriff. Wir erlebten dort zehn wunderbar entspannte Tage, fernab vom Trubel am Strand, an dem andere Vans und Einheimische den Parkplatz vor allem am Wochenende in eine Transitzone verwandelten. Hier hatten wir massig Platz und Privatsphäre. Zu dieser Zeit kam *Hogwarts Legacy* für den PC heraus und ich kämpfte mit unseren Internetkarten, um das Spiel trotz miserablem Empfang herunterzuladen und mit Blick auf den Second Screen – unserem Fenster direkt vor dem See – zu zocken. David befestigte währenddessen die Solarpanels noch besser und ging stundenlang angeln. Es war eine sehr entschleunigende Zeit, in der wir so richtig durchatmen konnten.

Natürlich gelingt solche eine »Flucht« nicht immer. Manchmal fegt ein Unwetter über große Regionen oder sogar das ganze Land. Mehrmals standen wir mitten in einem Sturm, der unseren Van wie einen Schaukelstuhl hin und her wiegte, und schlugen uns die Nacht wegen Donner und Blitzen um die Ohren. In solch einer

Situation sollte man sich einen geeigneten Ort zum »Aussitzen« suchen: möglichst betonierter Boden, ohne hohe Bäume in unmittelbarer Nähe, idealerweise eine Hecke oder eine Mauer nebenan, welche die schlimmsten Sturmböen aufhält.

Im spanischen Inland hatten wir Glück: Während wir die Idylle und den Sonnenschein genossen, erlebten andere Reisende in Tarifa und Umgebung Horrornächte. Vans wackelten nachts wie Fahnen im Sturm und Regen und Hagel prasselten auf die Dächer, sodass ihre Insassen kein Auge zu bekamen. Spätestens als am Morgen die Straßen mit schneeweißen, riesigen Hagelkörnern bedeckt waren, leerten sich die beliebten Stellplätze dann doch und wir trafen tatsächlich einige bekannte Fahrzeuge am See wieder.

Auch Fotis gefiel es an unserem Ausweichspot.

Sehr sogar.

Denn die ganze Wiese war voller Delikatessen.

FOTIS

Als die Tür sich öffnet und ich heraus springe – unerlaubterweise vor meinen Menschen, aber wer nicht ungeduldig ist, möge den ersten Stein werfen – bemerke ich sofort einen strengen Geruch. Er ist unmittelbar, zum Nase-hinein-tunken-nah. Es riecht ein klein wenig nach Lucky und ich werde kurz traurig. Denn machen wir uns nichts vor: Sie ist nicht hier. Wir sind viel zu lange gefahren, als dass wir uns noch in ihrer Nähe befinden könnten. Mein Magen sagt mir, dass bald Essenszeit ist, und zuletzt habe ich sie vor dem Frühstück gesehen. Außerdem umhüllt mich hier eine andere Luft. Nicht salzig, dafür mit Noten von Birken und Erde. Der scharfe Wind, der mir heute früh das Fell zerzaust hat, ist verschwunden. Das Meer, das sich in den vergangenen Wochen direkt vor uns erstreckt hat, hat sich in Wiesen und Berge verwandelt, so weit das Auge reicht.

Wir sind meilenweit entfernt von Lucky. Ich habe gehört, wie meine Menschen darüber gesprochen haben, ein paar Tage vom Meer wegzufahren, weil es so windig war – das war es wirklich, und ich bekam ständig Sand ins Gesicht. Daher begrüße ich die Entscheidung einerseits und hoffe andererseits, dass wir bald zu Lucky zurückkehren. Auch wenn ich weiß, dass wir nicht für immer bei ihr bleiben können.

Der Geruch nach Schaf kriecht erneut in meine Nase und benebelt mein Gehirn. Ich liebe es, wenn das passiert! Wenn mein Bewusstsein nur noch eins im Sinn hat: Fressen!

Um das klarzustellen: Ich will natürlich kein Schaf reißen! Ich bin schließlich kein Barbar. Aber sie machen so köstliche Haufen, denen ich selten widerstehen kann. Wenn ich sie liegenlasse, dann sicher nicht aus freien Stücken, sondern weil eine Leine an mir dran hängt, die mich vehement von ihnen wegzuziehen versucht. Es ist eine Schande, dass meine Menschen meine Vorlieben so gar nicht teilen.

Doch hier, an diesem Ort, sehe ich gute Chancen für mich. Die Schafe, die auf dieser Wiese zu Hunderten vorbeigelaufen sein müssen, haben so viele Haufen hinterlassen, dass es für meine Menschen schwer werden wird, mich hindurchzuführen, ohne dass ich einen Happs nehmen kann. Entsprechend enthusiastisch gebe ich vor, die tolle, neue Umgebung erkunden zu wollen. Ach, so ein schöner See! Oh, was für eine interessante Ameisenstraße! Schau nur, ein Stein! Es ist wichtig, allem unwichtigen möglichst viel Aufmerksamkeit zu schenken und ganz bewusst die ersten, köstlich duftenden Misthaufen zu ignorieren.

Meine Menschin beäugt mich skeptisch. Ich sehe ihr an, dass sie vorausdenkt – dass sie bereit ist, so schnell zu reagieren, dass ich vielleicht nur einen Krümel ergattern würde, könnte ich mich jetzt nicht zusammenreißen. Ich bin vielleicht »nur« ein Hund, aber sicher kein dummer.

Es gibt hier so viele Schafshaufen, dass ich mich regelrecht konzentrieren muss, nicht in einen von ihnen hineinzulaufen. Es kostet mich all meine Willenskraft, im Vorbeigehen nicht einfach zuzuschnappen.

Stattdessen trotte ich gemächlich neben meiner Menschin her und begutachte friedlich die langweiligen Gräser am Wegesrand. Schnüffele lange genug, um Interesse zu heucheln, aber kurz genug, um zu zeigen, dass ich ein guter Hund bin, der weiß, wann es Zeit ist weiterzugehen. Ich wiege meine Menschin in Sicherheit. Es gilt, den richtigen Zeitpunkt abzupassen – den, in dem sie für einen Moment unaufmerksam ist. Es gibt Tage, da dauert das sehr, sehr lange.

Und dann gibt es Tage wie heute, an denen sie sich nur allzu gerne von der neuen und zugegebenermaßen schönen Umgebung ablenken lässt. Und auch mich hat die »schöne Umgebung« voll und ganz.

Die Gelegenheit ist günstig. Der Haufen neben mir ist so groß, dass ich nicht mal gezielt hineinbeißen muss. Wie würde ein Mensch jetzt sagen? »Das reicht für eine ganze Familie.«

106

Ein Happs im Vorbeigehen. Unschuldig und so nebenbei, dass meine Menschin nichts gemerkt hat.

Ich laufe einfach weiter neben ihr her und gebe ihr keinen Grund, sich zu mir nach unten zu beugen. Jedenfalls war das der Plan, doch mit vollen Backen lässt es sich erstaunlich schlecht weiterlaufen. Ich habe vergessen, dass Multitasking nicht so mein Ding ist. Dem Jagdtrieb folgen und gleichzeitig auf den Rückruf hören, klappt zum Beispiel auch nicht. Ich kann mich eben nur auf eins konzentrieren ... Und das ist im Moment mein volles Maul. Vermutlich sehe ich aus wie ein Eichhörnchen, das sich einen ganzen Wintervorrat Nüsse in die Backen gestopft hat. Es fühlt sich jedenfalls genau so an.

Und dann mache ich einen folgenschweren Fehler und bleibe stehen, weil ich den riesigen Klumpen partout nicht herunterbekomme.

»Fotis!« ertönt mein Name schrill, als meine Menschin registriert, was ich da kaue. Es ist unschwer zu erkennen, da auf beiden Seiten meines Mauls ein Teil der Beute heraushängt. Ich höre die Worte »eklig«, »unfassbar« und »warum« und gebe mir Mühe, den Klumpen schnell hinunterzuschlucken. Bei dieser Leckerei stehen die Chancen gut, dass meine Menschin ihn mir nicht aus dem Maul herausfischt, aber man weiß nie, wozu diese verrückten Zweibeiner gerade in der Stimmung sind. Mir wurde schließlich auch schon mal ein toter Vogel aus dem Maul gezogen und ich frage mich heute noch: Warum? Der lag doch ohnehin tot auf dem Weg rum! Was für eine Verschwendung. Meine Menschin ist merklich sauer und ich werde die restliche Zeit unseres Spaziergangs penetrant überwacht.

Das stört mich nicht weiter, denn ich habe gar nicht vor, es noch einmal zu versuchen. Erstens war meine Beute reichhaltig und andererseits liegt sie mir irgendwie schwer im Magen ... Ich spüre, wie ein wenig Übelkeit in mir aufsteigt. Die kommt bestimmt von der langen Autofahrt und den vielen Hügeln, die wir hoch und runtergefahren sind. Kein Wunder, dass so was einem kleinen Hund auf den Magen schlägt.

Wir sind fast wieder am Wagen, da muss ich stehen bleiben. Himmel, ist mir schlecht!

Meine Menschin sieht mich wenig mitleidig an. »Das hast du jetzt davon. Das war doch klar«, sagt sie und schüttelt den Kopf.

Als ob die Übelkeit von meinem Snack kommen würde! Etwas, das so gut riecht und schmeckt, kann unmöglich ungesund für mich sein!

Oder?

Das Problem ist, dass ich mich so schlecht an Dinge erinnere, die mir schon mal passiert sind.

Ganz dunkel ploppt in meinem Hinterkopf die wage Erinnerung daran auf, wie ich in Frankreich einen Fisch verspeist habe, der unglaublich gut geduftet hat. So richtig intensiv, als ob er tagelang in der Sonne gelegen und vor sich hin gebraten hätte. Was für ein Aroma! Danach ging es mir zwei Tage lang miserabel und ich durfte wochenlang nur an der Schleppleine laufen. Aber ob das damit zu tun hatte, dass ich den Fisch gefressen hatte?

Wieso erinnere ich mich nie an einen direkten Zusammenhang? Und wieso vergesse ich so was immer, sobald meine Nase einen verlockenden Geruch aufnimmt?

Apropos verlockend. Als ich nun neben einem weiteren Haufen stehe und einatme, zieht sich in mir alles zusammen. Bäh, das stinkt ja fürchterlich.

Ich muss mich zusammenreißen! Wenn ich mich jetzt übergebe, dann bestärkt das meine Menschin nur darin, dass ich nicht selbst auf mich Acht geben kann. Und dass es begründet ist, dass sie mich nicht einfach so herum laufen lässt.

Wie war das noch gleich? Ich bin zwar ein Hund, aber nicht dumm?

Als ich mit Bauchschmerzen in den Van einsteige, fühle ich mich so dumm wie nie zuvor. Der Brocken rumort in meinem Magen und signalisiert mir eindeutig, dass er nicht dorthin gehört. Mein Körper schreit mich förmlich an, weil ich ihm diesen Mist eingetrichtert habe.

Kraftlos lasse ich mich auf meine Decke sinken und schließe die Augen, bereit, mich meinem Schicksal zu ergeben. So gerne würde ich schlafen, doch die Übelkeit kriecht sekündlich ein Stück mehr meinen Hals hinauf und irgendwann kann ich nicht mehr so tun, als wäre alles in Ordnung.

Machen wir uns nichts vor, meine Menschen haben es ohnehin längst gemerkt und beobachten mich mit Handtüchern in den Händen. Sie warten nur darauf, dass es passiert. Wie erniedrigend.

Eigentlich möchte ich mich zur Tür schleppen, doch ich schaffe es nicht. Ich übergebe mich, noch auf meiner Decke stehend, während meine Menschen mir ein Handtuch unter das Maul halten. Noch kraftloser, aber gleichzeitig auch erleichtert, sinke ich wieder auf den flauschigen Stoff. Jetzt schlafe ich sofort ein und bekomme nicht mehr mit, wie die Menschen die

Überreste meines Snacks auf dem Handtuch davontragen.

Als ich am nächsten Morgen aufwache, geht es mir viel besser. Mir ist noch ein wenig schummerig, doch ich spüre, dass ich während der Nacht Kraft tanken konnte. Der Morgenspaziergang fällt trotzdem kurz aus, denn meine Menschen wollen mich schonen. Sie sind penibel drauf bedacht, mich von den Schafshaufen fernzuhalten, doch das ist gar nicht nötig. Im Leben rühre ich so einen Haufen nicht mehr an. Nie wieder!

≈

Unser Fotis ist ein unverbesserlicher Unglücksrabe mit dem Erinnerungsvermögen eines sehr alten Mannes. Normalerweise dauert es maximal sieben Tage, bis sein Gedächtnis die offenbar irrelevante Information löscht, was seinem Magen nicht bekommt. So war es auch auf dieser Wiese – als hätte sich sein Gehirn automatisch neu gestartet, wollte er sich nach exakt einer Woche erneut an einem Schafshaufen zu schaffen machen.

Wir kennen unseren kleinen Müllschlucker und sind darauf bedacht, die Umgebung genau zu scannen und etwaige »Leckerbissen« vor ihm zu entdecken, um ihn davon fernzuhalten. Das klappt meistens, aber nicht immer. Für den Fall, dass er sich tatsächlich etwas vom Boden stibitzt, das seinen Magen reizt, haben wir immer *Sobamin* und Fenchel-Anis-kümmel-Tee in unserer Hundeschublade.

Was ihr tun könnt, wenn euer Hund etwas gefressen hat, das ihm augenscheinlich nicht gut bekommt, erklärt euch unsere Tierärztin des Vertrauens Dr. Meike Does.

Tierarzt-Tipp:
Nahrungsmittelunverträglichkeit
von Dr. Meike Does

Symptome: Übelkeit, Erbrechen, Bauchschmerzen, Appetitlosigkeit, Durchfall

Wenn der Hund – abgesehen von den Symptomen – ein normales Allgemeinbefinden zeigt, sollte für 24 Stunden keine Nahrung gegeben werden (allerhöchstens eine kleine Portion Morosche Karottensuppe). Wenn die Symptome nach 24 Stunden nicht besser sind, sollte ein Tierarzt aufgesucht werden.

Ist der Hund apathisch, schlapp und dehydriert oder aufgegast, dann bitte sofort zum Tierarzt!

Erste Hilfe:
Kohletabletten oder -Paste, Tabletten oder Pulver für eine Darmsanierung. Im Anschluss zwei Tage Schonkost (zum Beispiel weich gekochter Reis, gekochtes und püriertes Gemüse, Haferflocken, Hüttenkäse, Fenchel, Kamille, mageres Hühner- oder Putenfleisch).
Danach den Hund behutsam – wie bei einer Futterumstellung – wieder an die übliche Tagesmenge gewöhnen, um den angeschlagenen Magen nicht zu überfordern.

Ein Hund namens Fina

Oder: Wenn der Hund erst vom Vanlife überzeugt werden muss

Nach eineinhalb Jahren reisen entschieden wir uns dazu, unser Rudel zu vergrößern. In unserer romantischen Vorstellung hatten wir uns ausgemalt, wir würden unterwegs einen armen kleinen Hund auf der Straße finden und ihn »retten«. Allerdings verabschiedeten wir uns schnell von diesem unrealistischen Disney-Moment. Da wir mit Fotis einen sehr charakterstarken Hund haben, galt es vor allem, einen Zweithund zu finden, der kompatibel mit ihm ist und seinen Hang zu Chaos und Krawall im besten Fall nicht teilt. Am besten lässt sich ein Hund natürlich beurteilen, wenn er entweder bei einem Züchter aufwächst, oder aber bereits einige Wochen in einer Pflegefamilie lebt. Für uns war klar, dass wir wieder einen Tierschutzhund aufnehmen wollten, doch das Finden des richtigen Hundes war gar nicht so leicht.

Und so kamen wir eher »nebenbei« zu Fina. Aufgrund der vielen Anforderungen und Bedenken, die wir in Sachen Kompatibilität mit Fotis hatten, war unsere Suche nach einem Zweithund eher ein Abwarten und Auf-uns-zukommen-Lassen. Fina kam aus einem Shelter in Griechenland und lebte zur Pflege bei der Familie, die

Fotis' Bruder adoptiert hatte. Nachdem sie vier Jahre auf der Straße gelebt hatte, war sie Menschen gegenüber vorsichtig geworden. Und natürlich erschreckten sie Dinge wie Fahrräder, Autos oder gar E-Scooter, die in unserer Welt so selbstverständlich sind, für sie aber so wirken mussten, als würde ein Alien-UFO unvermittelt direkt neben ihr landen. Das erste Kennenlernen verlief entspannt, wenn auch verhalten. Natürlich schmiss sie sich uns nicht sofort überglücklich an den Hals – wieso auch? Sie kannte uns nicht.

Aber konnte ein skeptischer und ängstlicher Hund überhaupt Vanlife-kompatibel sein?

»Sie hat Angst vor weißen Transportern, weil darin in Griechenland die Hunde eingefangen werden«, bekamen wir dann auch noch zu hören. Das war ja eine wundervolle Nachricht!

Wie gut, dass wir mit dem Van angereist waren. So konnten wir direkt überprüfen, wie groß die Angst in Wirklichkeit war. Reichlich angespannt versuchten wir also, Fina in unseren weißen Van zu locken. Erst als die »Pflegemama« und ihr Pflegebruder hineingingen, kam sie widerwillig hinterher. Wohl fühlte sie sich nicht, das war ihr anzusehen. Und sie hüpfte auch schneller wieder raus, als wir gucken konnten.

»Das wird schon«, sagten wir uns. Schließlich konnten wir beobachten, wie toll sie sich an ihrer Pflegefamilie orientierte und wir hofften, dass sie das irgendwann auch bei uns tun würde.

Charakterlich passte sie hervorragend zu Fotis: ausgeglichen, ruhig, genügsam. Sicher nicht die Art von Spielkamerad, den Fotis sich ausgesucht hätte, aber genau die Art, die er brauchte.

Nach intensiven Gesprächen entschieden wir uns also für Fina und holten sie eine Woche später ab. Während der dreistündigen Autofahrt nach Hause lag sie in der Box, in der sie in ihrem Pflegezuhause Schutz gefunden hatte und die wir uns freundlicherweise ausleihen durften. Doch an Sicherheit war im Van nicht zu denken. Fina verfiel abwechselnd in Schockstarre oder zitterte. Man sah in ihren Augen, dass sie den fahrbaren Untersatz extrem gruselig fand, vor allem das Rumpeln und Wackeln, wenn wir unabsichtlich ein Schlagloch mitnahmen. Wer schon mal auf spanischen Straßen unterwegs war, dürfte jetzt dasselbe im Sinn haben wie wir damals: Das kann ja heiter werden!

Es dauerte tatsächlich eine ganze Weile, bis Fina im Van nicht mehr während der Fahrt zitterte, und selbst dann war ihr anzusehen, wie unwohl sie sich fühlte. Wir fragten uns oft, ob sie dieses Unbehagen dem Van gegenüber jemals würde ablegen können.

Rückblickend können wir sagen, dass die Angst weniger wurde, je mehr sie uns vertraute und je öfter und länger wir uns zusammen im Wagen aufhielten. Sie lernte, dass es dort Futter gab und dass sie gemeinsam mit Fotis vom Fenster am Bett aus ganz wunderbar Kleintiere beobachten konnte. Sie gewöhnte sich Stück für Stück an ihr neues Leben, so wie wir Menschen es im Grunde ja auch tun müssen. Natürlich ist das Leben im Van anders als im Haus. Es ist unbeständiger und unvorhersehbarer, wesentlich enger und dadurch manchmal hektischer, aber auch voller schöner Überraschungen. Ziemlich viel für eine Hündin, die sich nach anstrengenden Jahren auf der Straße vermutlich einfach nur hemmungsloses Chillen auf dem Sofa gewünscht hat. Auf unserer ersten gemeinsamen Fahrt nach Spanien war Finas Laune dementsprechend durchwachsen, man könnte auch sagen: angespannt. Unser großes Glück war sicherlich Fotis, der seit Tag eins mit so einer stoischen Gelassenheit durch sein Vanlife-Abenteuer geht, dass es Fina zumindest ein wenig beruhigt haben muss.

Fotis

»Jetzt leg dich doch mal hin und schlaf ne Runde.« Ich öffne mein linkes Auge und werfe Fina einen genervten Blick zu. »Wir sind auf einer Autobahn, das dauert garantiert noch, bis wir anhalten. Willst du die ganze Zeit da hocken und ins Leere starren? Dann bist du nicht fit, wenn wir ankommen und ein neuer Ort auf uns wartet, den wir erkunden können!«

Fina schielt zu mir herüber, ohne ihren angespannten Blick vom Wohnraum des Vans abzuwenden.

»Was, wenn alles über uns zusammenstürzt?«, flüstert sie.

»Nicht das schon wieder«, seufze ich. Vor Wochen ist ein Besen während der Fahrt umgefallen und seitdem glaubt Fina, dass jedes Schlagloch unseren sicheren Tod bedeuten könnte. »Ist hier jemals irgendetwas auf dich drauf gefallen?«, frage ich und gähne.

»Ja«, entgegnet sie sofort. »Ein Leckerlibeutel.«

»Wow, was für ein Unglück«. Ich strecke mich und robbe ein Stück näher an sie heran. »Glaubst du wirklich, dass unsere Menschen nicht gut auf uns aufpassen?«

»Das hat nichts mit den Menschen zu tun«, gibt sie zurück. »Es ist einfach nicht richtig. Wir alle, in diesem

Ding, das sich bewegt. Wir haben doch Beine, wieso benutzen wir sie nicht?«

Auf diese Frage habe ich keine Antwort. Ich habe nie erwogen, nicht in das Auto einzusteigen – warum auch? Manchmal sprang ich bei Regen in den Wagen, um eine Weile später bei strahlendem Sonnenschein wieder auszusteigen. Hatte ich bisher Wald vor der Tür gehabt, pinkelte ich plötzlich an Palmen. Es ist jedes Mal so, als würde ich in eine Zauberkugel klettern und im Paradies aus ihr heraustreten.

»Schau doch mal aus dem Fenster«, versuche ich mich an einer Erklärung. »Sieh nur, wie schnell wir sind. Was glaubst du denn, wie lange wir laufen müssten, um an unserem Ziel anzukommen?«

»Ich kann sehr lange laufen«, entgegnet sie mit verkniffener Miene.

Ja, ich vergaß. Meine neue Schwester ist ein wahres Ausdauergenie.

»Aber garantiert nicht so lange«, erwidere ich ungeduldig. »Und warum solltest du das auch tun, wenn du stattdessen schlafen kannst und trotzdem ankommst?«

»Ich finde es einfach unheimlich hier.« Sie runzelt die Stirn und sieht nach links, wo zwei kleine Olivenölflaschen in ihrer Halterung aneinanderklackern, und nach rechts, wo Jacken an der Garderobe baumeln. »Wie kannst du so entspannt sein, wenn alles klappert und wackelt?«

Ich frage mich, wie ein einzelner Hund so viel Angst haben kann.

»Na, weil bei unseren Menschen alles cool ist«, entgegne ich überzeugt. »Ich lebe jetzt seit vier Jahren bei ihnen und habe gelernt, dass mir nichts passieren kann. Sie sorgen schon dafür. Ich weiß, du bist noch nicht lange dabei, aber du kannst mir glauben.«

Ich muss es wissen, denn ich habe schon viel mit ihnen mitgemacht. Allem voran der Sturm in Andalusien, als der Wagen stundenlang wie ein Schiff in Seenot von links nach rechts gewogen wurde. Fina hätte vermutlich einen Nervenzusammenbruch bekommen, wenn sie damals schon dabei gewesen wäre. Es war zwar nicht gerade angenehm, aber hey, uns ist nichts passiert – natürlich nicht.

»Da, wo ich herkomme, passieren jeden Tag schlimme Dinge mit Hunden. Und zwar auch ohne dass sich jemand in einen schaukelnden Blechhaufen setzt.«

»Das mag ja sein, aber du bist doch jetzt hier. Guck mich an. Ich bin seit zwei Jahren in diesem Wagen und mir gehts super!«

»Na ja«, entgegnet sie, »dir ist bestimmt ein paar Mal was auf den Kopf gefallen.« Sie ringt sich ein kleines Lächeln ab. »Du hast schon ganz schön einen an der Waffel.«

»Für eine, die bei der kleinsten Erschütterung Herzrasen bekommt, bist du ganz schön frech«, entgegne ich. »Eigentlich müsstest du doch froh sein, dass du hier drinnen bist, in Sicherheit. Und nicht weiterhin auf der Straße umher irrst. Du bist *in* einem Auto, das heißt schon mal, dass dich keins überfahren kann.«

»Wie beruhigend«, murmelt sie und blickt mich mit ihren durchdringen, leidenden Augen an. Ihr Blick erinnert mich ein wenig an den von Lucky. Bestimmt hat Fina damals auf der Straße ebenfalls ziemlich viel Futter von den Menschen erbetteln können. »Auf der Straße kannte ich alles. Jedes Geräusch war vertraut und ich wusste, wie ich darauf reagieren musste. Verstecken, ausharren, weglaufen. Hier«, sagt sie und sieht sich wieder verängstigt im ganzen Wagen um, »sind alle Geräusche fremd und ich kann ihnen nicht entkommen. Ich mag das einfach nicht.«

»Verstehe ich«, lüge ich, damit sie sich besser fühlt. Tatsächlich kapiere ich überhaupt nicht, weshalb sie so eine Drama-Queen ist. Ist ja nicht so, als würden wir hier mit dem schrottreifen Auto des Teufels durch die Hölle rasen, in der alle fünf Sekunden Feuerbälle neben uns einschlagen. *Das* wäre beunruhigend.

»Du wirst dich dran gewöhnen und dann kommt es dir gar nicht mehr so schlimm vor«, spreche ich ihr Mut zu. Selbstverständlich fahren wir genau in diesem Moment über eine kaputte Straße, und die Töpfe in der Küchenschublade klappern. Ein stinknormales Geräusch, doch Fina reißt die Augen auf, als würde das Kochgeschirr gleich auf magische Weise aus der geschlossenen Schublade direkt auf sie drauf geschleudert werden.

»Du hast leicht reden«, sagt sie traurig. »Du hast vor nichts Angst.«

»Das stimmt.« Ich lasse sie gerne in dem Glauben, dass zumindest einer von uns furchtlos ist. Dabei habe auch ich meine Baustellen, nur dass ich nicht den Rückwärtsgang einlege, sondern den Vorwärtsgang. Was zugegebenermaßen meist eher der genau falsche Lösungsansatz ist. »Aber es wird besser, glaub mir.«

»Kann ich mir nicht vorstellen«, murrt sie.

»Weißt du noch, als du bei uns eingezogen bist?«

Sie nickt zögerlich.

»Da hast du dich nicht mal getraut, dich hinzulegen, sobald der Motor anging. Stundenlang hast du einfach da gesessen und so getan, als wärst du versteinert, weil dir das Motorengeräusch solche Angst gemacht hat. Und jetzt legst du dich schon manchmal hin und schläfst, trotz des Brummens und der Vibration. Das ist doch ein mega Fortschritt, oder?«

»Mhm«, murmelt sie. »Du hast recht. So habe ich das noch nie gesehen.«

»Und du wirst dich bestimmt auch daran gewöhnen, dass es ab und zu mal poltert oder wackelt.«

»Meinst du wirklich?«

»Na ja. Du hast es von der Straße in Griechenland zu einer Familie nach Deutschland geschafft. Dagegen ist es doch ein Klacks, mit dem Van von einem Ort zum anderen zu fahren, oder?«

Fina überlegt lange. Wir poltern über ein weiteres Schlagloch und ich sehe aus dem Augenwinkel, dass eine Mütze von der Garderobe fällt. Ich erwarte, dass sie sich versteift. Doch zu meiner Überraschung sieht sie die Mütze nur kurz an, bevor sie sich hinlegt und die Augen schließt.

»Das macht dann zwanzig Leckerlis für die Therapiestunde«, seufze ich und lasse mich neben sie sinken.

≈

Zu Hause ist da, wo du mit deinem Herzen bist – das hat Fina nach ein paar Wochen auch verstanden. Sie hat den Van als sicheren Rückzugsort akzeptiert und ist seitdem die Erste, die hineinspringt. Schlaglöcher findet sie weiterhin doof, aber nach einer kurzen Irritation schläft sie weiter. Wir sind dankbar dafür, dass sie sich unserem Lebensstil so bereitwillig angepasst hat und zu einem fantastischen Begleithund geworden ist. Von der Straße in den Van – auch keine schlechte Geschichte!

Doch eignet sich jeder Hund fürs Vanlife? Wir haben unsere Hundetrainerin Nastasia gefragt.

Kann man einen Hund ans „Vanlife" gewöhnen?

Hundetrainerin Nastasia aus Köln / Kölleforniadogs

Ja! Pauschal kann man sagen: Wenn es etwas ist, was der Hund nicht kennt und erst mal nur gruselig findet, dann kann er sich auch daran gewöhnen. Hunde sind Gewohnheitstiere!

Man muss jedoch deutlich unterscheiden, ob es dem Hund unangenehm ist, weil er es nicht kennt, oder ob er es nicht verträgt. Es gibt Hunde, denen beim Autofahren übel wird, und das kann dann auch der Grund sein, weshalb sie es nicht mögen. Wenn der Hund sich ständig übergibt, muss man als Halter überlegen, ob man ihm mit „Vanlife" nicht zu viel Stress aussetzt.

Was bei Übelkeit helfen kann:
- Blickdichte Box (viele Hunde finden die schnellen Bewegungen beim Blick aus dem Fenster irritierend bzw. kann das Gehirn das nicht so verarbeiten wie unseres)
- Rücksprache mit dem Tierarzt halten! Es gibt auch pflanzliche Mittel, die helfen können (aber auch hier: nur in Absprache mit dem Tierarzt einnehmen)
- Fenster abdunkeln

- Nicht kurz vor der Fahrt füttern, um Erbrechen zu vermeiden

Anzeichen für übermäßigen Stress beim Autofahren:
Extremes Hecheln, Zittern, Sabbern, auf den Schoß des Besitzers springen wollen , Fiepen, Weinen, große Pupillen, weit geöffnete Augen, Unruhe / Bewegung, ausgeprägte Schuppenbildung, vermehrter Haarausfall.

Almeria: Wanderwege und eine verwunschene Schildkröte

Im Frühjahr fanden wir eine umwerfende Stadt an der Costa del Almería. Hier gab es selbst außerhalb der Saison alles: Bars, Beach Clubs, Boutiquen, unzählige Restaurants und einen gepflegten weißen Sandstrand mit Palmen bis zum Himmel. Ursprünglich waren wir nur hergekommen, um auf einem kleinen Campingplatz etwas abseits der Küste einen Sturm auszusitzen. Doch der war voll und so entschlossen wir uns, nach einem geeigneten Freistehplatz in der Nähe zu suchen. Wir fanden ihn: ein paar Hundert Meter weg vom Strand, doch trotzdem mit Meerblick und völliger Ruhe, weit weg von Häusern oder Hotels. Das Schicksal – oder vielmehr: das Unwetter – hatte uns mal wieder zu einem außergewöhnlichen Spot geführt, an dem wir blieben, auch lange nachdem der Sturm vorüber war.

Die Infrastruktur ließ keine Wünsche offen. Ein paar Kilometer entfernt befand sich der Campingplatz, bei dem wir gegen eine kleine Gebühr Wasser ablassen und tanken konnten. Es gab Einkaufsmöglichkeiten und eine lange Strandpromenade mit zahlreichen Cafés und Eisdielen. In der anderen Richtung folgten wir stundenlang Wanderwegen am Meer oder auf Berge hinauf. Der salzige Duft des Meeres vermischte sich mit dem Geruch von Pinien. Für die Hunde war jeder Tag ein waschechtes Abenteuer, bei dem sie Fuchsfährten entlang des *Camino de Santiago* folgten oder am Strand tobten.

Selbst fürs Sporttreiben entpuppte sich der Ort als perfekt. Mein TRX (einen Suspensionstrainer) hing ich an einem der umliegenden Bäume auf und konnte ungestört meine Kraft-Ausdauer-Übungen machen. Zum Laufen fuhr ich entweder mit dem E-Scooter über den Berg in den Ort und genoss dort die vielen Kilometer der ausgebauten Promenade, oder ich lief einen anderen Berg hinauf und kämpfte mich auf dem Wanderweg so weit nach oben, wie meine Kondition mich trug.

Wenn ich jetzt daran zurückdenke, werde ich ganz selig, denn dieser Ort war wirklich besonders für uns. Es war, als ob man uns mit offenen Armen empfangen hätte. Wann immer ich morgens am Strand meine Laufrunde drehte, begegnete ich einem alten Mann mit seinem Hund, der mich freudig grüßte und sogar anfeuerte, oft auf Spanisch, manchmal sogar in brüchigem Englisch. Waren wir mit den Hunden unterwegs, trafen wir regelmäßig eine Frau mit ihren zwei Tierschutzhunden. Einer von ihnen ging stets außer Sichtweite stromern und schloss manchmal erst zurück am Parkplatz wieder zu seinem Frauchen auf. Ich staunte über die Freiheit, die die Hunde genossen. Ich selbst hatte nämlich kein Vertrauen, Fotis oder Fina in diesem bergigen Gelände derart weit vorlaufen lassen. Fotis wäre vermutlich bei der Jagd nach einem Vogel die Klippe hinuntergestürzt und Fina hätte sich ein Bein gebrochen, wenn sie einer Ziege auf dem Felsen hinterhergerannt wäre.

Mögliche Beute gab es nämlich zuhauf. Da der lebhafte Ort einige Kilometer entfernt war und wir uns mit den Hunden meist in die andere, unbebaute Richtung bewegten, trafen wir regelmäßig auf andere Tiere. Das knisternde Geräusch von trockenen Blättern verriet uns die Anwesenheit einer Eidechse, die blitzschnell unter einem Stein verschwand. Heruntergefallene Äste raschelten, als eine Schlange unter ihnen davonhuschte. Und jedes Mal, wenn ich eine Landschildkröte entdeckte, freute ich mich, als hätte ich einen Schatz gefunden. Es gab keinen Spaziergang ohne die gepanzerten Reptilien, die sich in unmittelbarer Nähe unseres Stellplatzes aufhielten. Für Fotis war das anfangs triggernd: Was bewegte sich da so langsam auf dem Boden? Bei ihm vermischten sich Unsicherheit und Jagdtrieb, sodass er sich irgendwo zwischen Vorwärts- und Rückwärtsgang verirrte. Immerhin verstand er schnell, dass eine Schildkröte keine Beute war – aber interessant war sie trotzdem. Wir lobten ihn dafür, wenn er Abstand hielt, sobald er eine gefunden hatte, und bald hatte Fotis einen Job: Landschildkröten aufspüren! Er nahm bei jedem Spaziergang ihre Fährten auf und führte uns zielsicher zu dem einen oder anderen Exemplar, das sich zwischen Steinen oder Gräsern versteckte.

FOTIS

»Los Leute, auf gehts!«

Meine Menschen rufen uns unnötigerweise, denn natürlich haben Fina und ich längst kapiert, dass es auf einen Spaziergang geht. Die Menschen haben sich Schuhe angezogen und nehmen gerade die Leinen von der Garderobe im Van, da springe ich schon vom Bett und warte ungeduldig an der Tür. Fina folgt mir erwartungsvoll und stößt mit ihrem Kopf fast an meinen Po, wie diese nervösen Drängler auf der Autobahn, über die sich meine Menschen oft beschweren.

Als die Wagentür aufgeht, falle ich beinahe hinaus, so sehr hat sie mich nach vorne geschoben. Doch ich vergesse meine Genervtheit in dem Moment, in dem ich die Pfoten auf den sandigen Boden setze und den vielschichtigen Duft der Natur einatme.

Heute ist das Wetter klasse: Der Himmel ist hellblau und ein kühler Wind zieht über das ausgetrocknete Flussbett, in dem wir geparkt haben. Der Geruch von trockenem Gras und erhitztem Stein liegt in der Luft. Ein Fluss ist hier vermutlich schon Jahrzehnte lang nicht mehr durchgeflossen, denn mittlerweile gibt es Schilder, die einen Wanderweg kennzeichnen: den *Camino de Santiago.*

Ich habe auf unseren Morgenspaziergängen bereits mehrmals einen vermeintlichen Eindringling verbellen wollen, welcher sich rückblickend als friedlicher Pilger herausgestellt hat, der ein paar Meter von unserem Wagen entfernt in seinem Micro-Zelt die Nacht verbracht hatte. Ein seltsames Konzept der Menschen, nur mit einem Rucksack auf dem Rücken durch die Gegend zu wandern. Noch verrückter, als in einem Auto zu leben. Wobei: Als Hund sollte ich mich vermutlich selbst mit rein gar nichts in der Wildnis durchschlagen können. Fina ist ja auch viele Jahre klargekommen.

»Würdest du noch mal auf die Straße zurückwollen?«, frage ich sie, während sie neben mir über die Steine trottet.

Sie wirft mir einen entgeisterten Blick zu. »Zum Leben meinst du?«

Ich nicke.

»Oxi«, antwortet sie energisch. Mittlerweile weiß ich, dass das »Nein« auf Griechisch bedeutet.

Habe ich mir schon gedacht. Der Minimalismus, von dem die Menschen immer reden, ist vielleicht toll für diejenigen, die alles haben, aber jemand, der nichts hat – oder mal hatte – findet das Konzept sicher weniger erstrebenswert.

Was würde überhaupt alles reinpassen in den roten Rucksack, den meine Menschen mir für Wanderungen gekauft haben? Der liegt seit dem Ablauf der Rückgabefrist im Schrank, denn, mal ehrlich: Wofür habe ich denn die Menschen? Natürlich tragen sie mir den Kram hinterher, den ich brauche. Leckerlis, Wasser, meinen Ball … Das ist ja wohl auch das Mindeste als Dank dafür, dass ich auf sie aufpasse.

Während wir den Weg entlang schlendern, strömt mir ein verlockender Duft entgegen. Ich folge der Spur, die meine Nase wie an einem Seil an sich heranzieht. Vorsichtig suche ich mir möglichst geräuschlos einen Weg über das mit Steinen überschwemmte Flussbett. Ich dränge mich an Gräsern und Büschen vorbei, die mich durch ihr Rascheln hoffentlich nicht verraten. Der Geruch wird intensiver und ich unterdrücke meinen Impuls, vor Aufregung kräftiger zu schnüffeln. Jetzt schön cool bleiben und nicht durch einen unüberlegten Laut oder eine zu schnelle Bewegung das Tier verjagen, das sich hier irgendwo befinden muss.

Ich scanne angestrengt die Fläche vor mir: nichts als Steine. Viele Steine. Und ein Stein, der sich bewegt …

Moment! Es gibt keine Steine, die sich von selbst bewegen!

Ich erstarre. Nicht. Atmen.

Da ist es! Das langsame Tier, das sich perfekt in seiner Umgebung getarnt hat. Auf dem Rücken hat es so etwas wie einen gelb-schwarzen Rucksack, der zwischen den kleinen und großen Steinen auf dem sandigen Boden überhaupt nicht auffällt.

Einen Rucksack? Ist das etwa ein pilgerndes Tier?

Um es zu fangen, müsste ich nicht viel Talent im Jagen haben. Dieses Etwas ist so langsam, dass ich mich frage, wie es bisher in dieser Umgebung überleben konnte, in der es vor Greifvögeln und Füchsen nur so wimmelt. Ich mache zwei weitere vorsichtige Schritte vorwärts. Es hat mich noch immer nicht bemerkt. Oder es tut nur so.

»Hey!«, rufe ich und springe direkt vor sein Gesicht. Die winzigen, runden Augen starren mich im ersten Moment an, doch dann - von einer Sekunde auf die andere - sind sie verschwunden. Und mit ihm die vier Beine! Zurück bleibt nur sein ovalförmiger Rucksack, ein nichts-sagender Stein, der wie ein verlassenes Haus zwischen den Gräsern liegt. Wo ist der Pilger hin? Was ist das denn für ein abgefahrener Trick?

»Hallo?«, frage ich in Richtung des Rucksacks.

»Por favor«, dringt eine tiefe, alt klingende Stimme zu mir hinüber. »Gehen Sie weiter.«

Wo kommt die Stimme her? Aus dem Inneren des steinernen Rucksacks? Hat sich das Tier etwa mit einem Zauberspruch verkleinert und wohnt nun darin? Oder ist es unsichtbar?

»¿Qué tal?«, frage ich, weil das fast das Einzige ist, das ich auf Spanisch sagen kann. Außer »te amo«, was ich an unserem letzten Tag in Cádiz von Lucky gelernt habe – was ich aber seitdem zu niemandem mehr gesagt habe.

»Ich bitte Sie, gehen Sie weiter! Ich habe nichts für Sie!«

Hm. Es ist offenbar nicht zum Plaudern aufgelegt. Aber ich muss wissen, wie es sich unsichtbar gemacht hat! Das wäre ein Trick, den ich unglaublich gut in meinem Alltag gebrauchen könnte. Heimlich Essensreste am Strand klauen? No problemo! Ungesehen Finas Futter aus ihrem Napf stehlen? Huch, hier wohnt wohl ein Geist!

»Wer spricht denn da?«, frage ich.

Langsam – sehr langsam, wie in Zeitlupe – schiebt sich ein kleiner Kopf aus dem Stein. Schwarze Augen mustern mich mit einer Mischung aus Argwohn und Neugier.

Ich fasse es nicht! Dieses Tier ist offenbar tatsächlich ein Zauberer! Wie genial ist das denn? Das ist ja wie bei *Harry Potter*!

»Bist du ein Formwandler?«, frage ich neugierig und bin froh, beim vielen Fernsehen mit meiner Menschin so gut aufgepasst zu haben. »Oder hast du vielleicht einen Unsichtbarkeitsumhang?« Ich lasse meinen Blick über das seltsame Tier wandern, in der Hoffnung, irgendein Anzeichen für Magie zu entdecken.

»Perdon? Was soll das denn sein?«

Okay. Vermutlich habe ich die Filme ein wenig zu oft gesehen. Spätestens jetzt sollte jedem klar sein, weshalb ich unmöglich nur mit einem Rucksack auf der Straße überleben könnte.

»Wie hast du das gerade gemacht?«, versuche ich erneut hinter das Geheimnis zu kommen. »Dass du einfach verschwunden bist?«

»Ich bin eine Schildkröte«, sagt sie mit ihrer tiefen Stimme, so als ob mir das irgendetwas sagen müsste.

Ich denke nach. »Schild«, wie ein Schild an der Straße? Ihr Gesicht ähnelt dem einer Kröte auch nicht so sehr, dass ich »aha!«, rufen würde. Es hat eher etwas von einer Eidechse. Nur dass die nicht so dicke Stampfer haben, sondern filigrane, dürre Beinchen. Überhaupt wirkt diese »Schildkröte« ganz schön massiv. Diesen Eindruck unterstützt der Stein auf ihrem Rücken natürlich enorm.

»Ich bin Fotis«, sage ich und setze mich hin, um der Schildkröte zu zeigen, dass ich sie nicht angreifen will.

»Fotis«, wiederholt sie argwöhnisch und starrt mich an. »Mein Name ist Norma.«

Norma! Was für ein außergewöhnlicher Name!

»Was führst du im Schilde?« Norma blinzelt nicht, was ich ziemlich gruselig finde. Umso ironischer ist es, dass sie mich fragt, was *ich* im Schilde führe. Als *Schild*kröte.

Ich sehe sie fragend an.

»Ihr Hunde seid nicht besonders nett«, spricht sie mit ihrer heiseren Stimme weiter. »Ihr habt zwar keine Chance gegen meinen Panzer, aber das hält euch normalerweise nicht davon ab, nach meinen Beinen oder meinem Schwanz zu schnappen.«

»Nach dir schnappen?«

Ich bin schockiert. Gleichzeitig fühle ich mich jedoch auch ertappt, denn ich kann nicht leugnen, dass mein Jagdtrieb mich manchmal näher an andere Tiere führt, als es gut für sie wäre. Aber jetzt? Norma ist viel zu faszinierend, um sie als Beute zu betrachten. Ich meine, Leute! Sie pilgert mit einem riesigen Rucksack, so wie die Menschen, und sie kann sich unsichtbar machen!

»Ich will dir nichts tun«, erkläre ich schnell. »Du musst mir alles über dich erzählen! Du bist das fantastischste Geschöpf, das ich je getroffen habe!«

»Ich?« Norma lacht kehlig. »Ich glaube, du bist nicht allzu weit herumgekommen, kleiner Hund.« Ihre runden, schwarzen Augen mustern mich amüsiert.

»Und ob!«, insistiere ich. Sie ist bescheiden. Das ist eine seltene Eigenschaft von jemandem, der so außergewöhnliche Dinge tut. Ich denke an Dracarys, ›den Mächtigsten der Targaryen-Dynastie.‹

»Wie hast du dich eben unsichtbar gemacht?«

»Was meinst du?«, fragt Norma, als plötzlich ein Kreischen direkt über uns ertönt. Ich blicke nach oben und sehe einen Habichtsadler am Himmel vorbeipreschen. Als ich Norma wieder anschaue, ist sie verschwunden. Oder eher: unsichtbar. Ihr Rucksack liegt weiterhin an der Stelle, an der sie ihn getragen hat.

»Norma?«, frage ich vorsichtig. »Bist du noch da?«

»Natürlich«, murmelt sie. Ihre Stimme klingt gedrungen – bestimmt wegen des Zaubers!

»Das ist so cool«, flüstere ich. »Kannst du mir beibringen, wie das geht?«

Offenbar beginnt die Unterrichtsstunde direkt, denn sie beendet den Zauber und erscheint wieder unter ihrem Rucksack. »Verzeih bitte«, sagt sie beschämt, »ich erschrecke mich jedes Mal vor diesen riesigen Vögeln.«

»Ich glaube, er ist weg«, erkläre ich. »Wollte er dir was tun?«

»Ach weißt du«, antwortet sie und schmunzelt leicht, »Greifvögel sind wie Hunde. Sie versuchen es manchmal, obwohl sie gar keine Chance haben.«

Wie auch, wenn die Beute sich unsichtbar macht!

Wow, wie gut ich diesen Trick einsetzen könnte! Nicht nur auf der Jagd, sondern vor allem auf der Hundewiese, wenn ich mit meinen Freunden fangen spiele. Oder beim Tierarzt, wenn mir eine fiese Impfspritze gesetzt werden soll.

»Also«, versuche ich ein weiteres Mal, hinter ihr spannendes Geheimnis zu kommen. »Was für ein Unsichtbarkeitszauber ist das?«

Norma sieht mich verschlagen an.

»Unsichtbarkeitszauber, hm?« Sie überlegt kurz. »Nun.« Sie räuspert sich und spricht mit noch tieferer Stimme weiter. »Das ist ein sehr alter Zauber. Er ist an meinen Panzer gebunden, weißt du?« Sie schielt nach hinten, zu ihrem Rucksack. »Alle Schildkröten haben so einen.«

»Oh, ist das ein Zauberrucksack?«, keuche ich aufgeregt. »Meinst du, ich könnte auch so einen haben?«

»Du?« Norma lacht laut und lange, bis es in einen Husten umschlägt. Selbst ihre runden Augen lachen mit. Ich aber nicht. Ich meine es ernst. Sie räuspert sich. »Nun ja, ich schätze, wenn du einen Panzer findest, der groß genug ist, dann könntest du hineinschlüpfen.« Sie mustert mich zweifelnd. »Vielleicht.«

»Wo könnte ich so einen finden?«, will ich wissen. Vor lauter Aufregung peitscht mein Schwanz in Sekundenschnelle links und rechts in die vertrockneten Gräser.

»Tja ...«. Sie überlegt. »Ich schätze, dafür müsstest du ihn einer Schildkröte wegnehmen. Genauer gesagt ...« Sie kneift ihre Augen zusammen und ihr Blick wird argwöhnisch. »... müsstest du sie vermutlich töten und auffressen.«

»Ew!« Ich weiche entsetzt zurück. »Norma! Ich will keine Schildkröte töten!«

Beim Gedanken daran erschaudere ich. Das wäre ja, als würde ich *Harry Potter* reißen, nur um an seinen Umhang zu kommen. Ich möchte zwar wirklich gerne einen solchen magischen Rucksack haben, aber töten würde ich Norma dafür nicht. Das wäre absolut falsch! Und wer weiß, vielleicht würde sich die Magie des Rucksacks umkehren und mich verfluchen, weil ich seinen rechtmäßigen Besitzer getötet habe. Ich schüttele mich. Oh ja, das wäre diesen magischen Mächten durchaus zuzutrauen!

»Das ist gut ... für mich.« Sie lächelt milde. »Vor wem willst du dich denn überhaupt verstecken? Du bist ein Hund! Du kannst schnell rennen, schwimmen, springen, du kannst knurren und kratzen und beißen ...« Ihre Aufzählung klingt so, als hätte sie die eine oder andere dieser Hundefähigkeiten schon am eigenen Leib erfahren. »Du benötigst keinen Panzer, um in der Welt zu überleben.«

Wer redet denn hier von überleben? Ich will Spaß haben!

»Weißt du, ich brauche den Panzer, weil ich mich nicht schnell fortbewegen kann«, spricht Norma weiter. »Dank ihm kann mich kein Feind einfach so kleinkriegen. Es sei denn, er hat Räder und braust damit über mich hinweg.«

Ihr Blick wird traurig, so als hätte sie dieses Szenario schon einmal beobachtet.

»Du meinst ein Auto?«, frage ich vorsichtig.

»Ja, diese Metallkisten, in denen die Menschen durch die Landschaft rasen. Sie nehmen keine Rücksicht darauf, wohin wir laufen. Sie sind fast so schlimm wie die Brände, die unsere Lebensräume komplett auslöschen. Auch dagegen kann selbst mein Panzer nichts ausrichten.« Sie seufzt. »Aber Angreifer hält er ab. Zum Glück. Denk immer daran, Fotis, jedes Tier ist aus einem bestimmten Grund so, wie es ist. Es hat Stärken, die einmal aus Schwächen hervorgegangen sind.«

Wow, das ist tiefgründig. »Dann hast du deinen verzauberten Rucksack, damit er dich beschützt?«

»So kann man es sagen, sí.«

Ich verstehe. Natürlich kann nicht jeder zaubern oder einen Unsichtbarkeitsrucksack besitzen, denn sonst würde jeder irgendeinen Unsinn damit anstellen.

Vielleicht ist er deshalb nur Tieren wie Norma vorbehalten, die weise und achtsam wirkt. Wie eine alte Zauberin eben.

»Es hat mich so gefreut, dich kennenzulernen!«, sage ich aufrichtig. Ich wittere meine näherkommenden Menschen und möchte nicht, dass sie Norma sehen. Menschen sind ja völlig verrückt nach Zauberei. Nicht dass sie Norma einfach einpacken und mitnehmen, weil sie so überwältigt von ihrem Unsichtbarkeitszauber sind. Nicht ohne Grund verstecken sich die Zauberer in *Harry Potter* vor den Muggeln.

»Mich auch, kleiner Fotis«, antwortet sie und formt mit ihren schmalen Lippen ein herzliches Lächeln.

Während ich meinen Menschen entgegenlaufe, nehme ich mir vor, zu Hause nach meinem roten Rucksack zu sehen. Wer weiß, vielleicht ist darin auch ein Zauber versteckt, von dem ich bisher nichts wusste.

Gibraltar: Dort, wo die wilden Affen wohnen

Ein Ort, von dem ich nie wusste, dass ich unbedingt hin wollte, ist Gibraltar – bis wir eher zufällig ganz unten im Süden von Spanien waren und ich über die Affen las, die dort frei herumlaufen.

Ganz in der Nähe gibt es einen romantischen kleinen Jachthafen, der Stellplätze und Wasserver- und Entsorgung anbietet. Dort wollten wir zwei Tage bleiben, am Automaten Wäsche waschen und den Blick auf die kleinen Boote und großen Jachten genießen, während wir uns auf das Abenteuer »Affenfelsen« einstimmten.

Bei zwei Tagen blieb es nicht und mittlerweile waren wir sogar schon mehrfach dort. Der Jachthafen im Örtchen La Linea de la Concepcion hat uns bei Sturm oder Wasserknappheit eine gute Anlaufstelle geboten, und auch Gibraltar konnte uns schnell für sich gewinnen.

Wir hatten jeden Tag einen direkten Blick auf den riesigen Kreidefelsen, der an der südlichsten Spitze der iberischen Halbinsel ins Mittelmeer ragt. Seine wohl größte Attraktion – neben der skurrilen Tatsache, dass dort mit britischen Pfund bezahlt wird und die Menschen Englisch sprechen – sind die Berberaffen, die Einzigen ihrer Art, die innerhalb Europas wild leben. Vom Jachthafen ist es nur ein kurzer Fußmarsch von zehn Minuten zur Grenze, die Spanien vom Gebiet der englischen Krone trennt. Für den Grenzübergang benötigt man einen Reisepass oder Personalausweis und den Heimtierausweis des Hundes. Ist man durch die beiden Kontrollen gegangen (zuerst die Spanische, dann die Britische), spaziert man über das Flugfeld des Flughafens Gibraltar – verrückt! Hat man Glück (oder Pech, je nachdem, wie eilig man es hat) schließt sich direkt vor einem die Schranke, und man kann ein landendes oder startendes Flugzeug ganz aus der Nähe beobachten.

Der Spaziergang vom Flughafen hinein in die Stadt von Gibraltar zieht sich ein wenig. Vor allem, wenn man sich, wie wir, in den Kopf gesetzt hat, bis zum Affenfelsen zu wandern. Denn Achtung, da kommen dann für den gesamten Ausflug an die zwölf bis achtzehn Kilometer zusammen, je nachdem, welche Strecke man wählt.

Möchte man den teilweise steilen und für Flachländer anstrengenden Aufstieg auf den 426 Meter hohen Berg nicht selbst wagen, gibt es in der Stadtmitte von Gibraltar die Möglichkeit, mit der Seilbahn hochzufahren. Dann wird man direkt am *Upper Rock* ausgespuckt, dem Finale, das die Wanderer für ihren schweißtreibenden, stundenlangen Aufstieg als Belohnung bekommen. Dort warten unzählige Berberaffen: Sie hocken an der Futterstelle oder laufen die Aussichtspunkte ab, vorbei an den faszinierten Touristen.

FOTIS

»Können wir jetzt endlich weitergehen?« Ich beäuge den Mann in dunkler Kleidung misstrauisch, der sich meinen Pass schon eine ganze Weile ansieht. »Junge, sieh mich doch an, ich bin kerngesund! Und illegal einwandern will ich auch nicht, was soll ich denn auf eurem riesigen Felsen mitten im Wasser?«

Als hätte er mich gehört, gibt er meinen Menschen sowohl meinen als auch Finas Pass wieder, die wie gewohnt geduldig daneben steht.

»Genieße jede Pause, du weißt nie, wann die Nächste kommt«, sagt sie immer, worauf ich gerne entgegne: »Schnapp dir alles zu essen, was du findest, du weißt nie, wann es wieder etwas gibt.« Das hat mir meine Mutter auf Zypern beigebracht, bevor wir getrennt wurden und ich mit meinen Geschwistern ins Shelter kam. Und daran halte ich mich bis heute akribisch, wenn nicht sogar enthusiastisch.

Die Zwangspause ist zu Ende und ich trotte den Menschen hinterher, die sich durch das schlangenförmige Gebäude drängeln. Ich wittere frische Luft und laufe schneller, denn hier riecht es eklig nach Tausenden verschiedener Parfüme und dem Schweiß der Menschen, die schon eine Weile in der Morgensonne unterwegs waren.

Nach einer zweiten Kontrolle öffnet sich wie durch Magie eine Wand vor uns und wir treten hinaus ins Sonnenlicht, das mich im ersten Moment blendet. Es riecht nach Salz und Abgasen und Fina zuckt zusammen, als ein riesiger Blechvogel über uns hinweg fliegt.

»Keine Angst«, beruhige ich sie, »die tun nichts. Im Gegenteil. Damit sind wir zu unseren Menschen gekommen, erinnerst du dich?«

Nein, selbstverständlich erinnert sie sich nicht. Ich wette, sie hat den ganzen Flug panisch in ihrer Box gesessen und diese irre Erfahrung danach komplett verdrängt.

Ich gebe zu, so richtig viel habe ich auch nicht mitbekommen, denn mein Bruder und ich waren sehr jung. Trotzdem: Flugzeuge langweilen mich höchstens. Deshalb ziehe ich auch nach vorne, als meine Menschen mit dem Kopf zum Himmel gerichtet stehen bleiben und dem Blechding nachblicken, das jetzt auf der gar nicht mal so langen Landebahn aufsetzt. Okay. Schon ganz cool.

Fina versteckt sich hinter unseren Menschen und ist sichtlich erleichtert, als wir weitergehen.

Der raue Asphalt ist schon jetzt warm und ich bin froh, dass wir so früh unterwegs sind, und nicht erst am Nachmittag in der prallen Sonne hier entlang wandern, wenn jeder Schritt vermutlich unangenehm wäre. Wir sind Teil eines menschlichen Tausendfüßlers, der sich behäbig über die Bürgersteige der fremden Stadt windet. So viele Menschen! Und scheinbar haben alle dasselbe Ziel.

Endlich biegen wir von der Hauptstraße nach links ab, weg von den lauten, stinkenden Autos, die in den vergangenen zwanzig Minuten unentwegt neben uns beschleunigt, gehupt oder gebremst haben. Meine Menschen knipsen ein Foto von einem unspektakulären steinernen Tor vor einem Tunnel, während ich aufmerksam das Areal davor scanne. Ich höre ein Gackern und will unbedingt herausfinden, woher die Geräusche kommen und ob ich mir unbemerkt ein zweites Frühstück gönnen könnte.

»Der *Landport-Tunnel* wurde 1729 von den Briten wiederaufgebaut und war damals der einzige Landzugang zur Stadt«, liest meine Menschin von einem Schild ab.

Aha. »Durch dieses Tor stürmten die britischen Truppen, um die Spanier anzugreifen.«

Angriff - das interessiert mich schon eher!

Da! Es gackert wieder. Ich stecke meinen Kopf durch das Gitter des Zauns, der die Straße von dem Abgrund neben uns trennt, und da unten entdecke ich sie: Hühner! Ein ganzes Rudel. Junge, was würde ich jetzt für einen Snack geben!

Ein Hahn bemerkt mich und kräht entrüstet. Keine Sorge, Kumpel. Zum einen komme ich sowieso nicht dort runter und zum anderen wären meine Menschen ziemlich ungehalten, wenn ich mich mit Hühnerfedern im Maul zu ihnen umdrehen würde. Daher breche ich meine Beobachtung ab und wir schreiten durch den dunklen *Landport Tunnel*. Dahinter erwartet uns ein freundlicher, heller Platz, an dem es von allen Seiten nach unterschiedlichsten Köstlichkeiten riecht: Pizza, Croissants, Kuchen, Brötchen, Käse – ein Paradies, könnten wir uns doch nur bei jeder der Buden etwas holen!

»Äh, Entschuldigung«, versuche ich es mit einem wehleidigen, hungernden Blick, doch die Antwort war vorhersehbar.

»Fotis, du hast vorhin erst gefrühstückt!«

Lucky hatte recht. Ich habe es einfach nicht drauf.

Ich werfe einen Blick nach links, wo sich der berühmte Felsen weiter in die Höhe zieht. Er ragt bis in den Himmel! Ich bin überrascht, wie groß er doch ist. Vom Van aus wirkte er gar nicht so riesig. Obwohl meine Pfoten langsam müde werden, ist kein Ende in Sicht. Es ist irre, wie viele Geschäfte es auf diesem Felsen gibt. Ich hoffe sehr, dass es nicht die Shoppingmeile ist, wegen der wir hier sind. Das wäre typisch für meine Menschin.

Ewig weit laufen, nur um etwas zu kaufen, das man dann in den Schrank stopft und erst Monate später wieder hervorholt. Was für eine Verschwendung – die Menschen sollten ihr Geld sinnvoll einsetzen und am besten in einem Futtergeschäft ausgeben.

Ein paar Minuten später bereue ich, dass ich mich über die flache Einkaufsstraße beschwert habe, denn wir biegen links in eine Gasse ein, die sich bedrohlich in den Himmel erhebt. Ich sehe Stufen. Viele Stufen. Auf jeden Fall mehr als eben Geschäfte. Und wenn keine Stufen da sind, dann geht es trotzdem unbarmherzig bergauf. Kein Wunder, dass dieser Weg laut meinen Menschen *The Devil's Gap* heißt – als hätte der Teufel selbst ihn gebaut.

Ich lasse mir nicht anmerken, dass ich ganz schön kämpfe, denn leider ist Finas Ausdauer sehr viel besser als meine. Kein Wunder, die hat sie sich vermutlich in all den Jahren auf der Straße antrainiert, und dank unserer Menschen stärkt sie mittlerweile auch ihre Muskelkraft mit Physioübungen – aber ich habe irgendwie nur Muskelkraft. Wie ein Bodybuilder aus den Achtzigern, der stoisch das Kardiotraining ausgelassen hat. Und wie ein Bodybuilder bin ich nicht faul, sondern wende meine Energie eben für andere Dinge auf. Für die Futtersuche, zum Beispiel.

Glücklicherweise keuchen meine Menschen ebenfalls ganz schön und ich beherzige den Rat meiner Adoptivschwester von vorhin mit großer Demut: Jede Pause nutzen, und sei sie noch so kurz.

»Es ist nicht mehr weit«, sagt Fina aufmunternd und schnuppert in die Luft, »ich wittere die Affen schon!«

Na ja. Wahrscheinlicher ist es wohl, dass sie wegen der Höhe Sauerstoffmangel im Gehirn hat.

Ich dagegen rieche etwas anderes: einen entgegen-kommenden Hund, der mit seinem Menschen unterwegs ist.

»Turistas?«, fragt der dunkelrote Boxer, als er vor uns steht und wissend schmunzelt. »Wenn ihr da hochgeht, legt euch nicht mit den Berberaffen an. Die vertilgen Hunde zum Frühstück!«

Er zwinkert Fina zu, die erfahrungsgemäß von jedem Rüden angehimmelt wird – völlig unverständlich für mich, denn wirklich viel anfangen kann man mit ihr nicht.

»Hast du schon mal einen gefangen?«, fragt sie und ihre Augen werden groß.

Klar, bei lebendem Futter ist sie immer dabei. Jeden-falls bis sie einen Affen aus nächster Nähe sieht, würde ich wetten. Dann zieht sie den Schwanz ein und ver-steckt sich hinter mir.

»Tu eres loco, Chica«, antwortet der Boxer und lacht. »Die sind vollkommen geistesgestört. Die denken, wir wollen ihnen ihre Kartoffeln und Salatblätter wegfuttern. Du kannst keinen Fuß auf ihr Territorium setzen, sonst kommen sie kreischend angerannt und kratzen dir die Augen aus.«

Fina schluckt und geht einen kleinen Schritt zurück, weil ihr alleine die Erzählung über die Affen solch eine Angst macht. Sagte ich ja.

»Stell dir zweihundert Katzen vor, nur dass die das ganze Jahr über auf dem höchsten Berg des Landes in der Sonne hocken; ich sage nur Sonnenstich. Oder Toll-wut, das weiß man bei den Biestern nie genau.«

»Katzen gibt es da auch?«, fragt Fina entgeistert und ich werfe unserem neuen Freund einen entschuldi-genden Blick zu.

»Er wollte damit sagen, dass sie genauso schlimm sind wie tollwütige Katzen mit Sonnenstich«, erkläre ich.

»Wie viele Affen sind es denn?«, frage ich den Boxer.

»Mehr als zweihundert.«

»Oh.« Okay. Ich dachte eher an zehn. Mit zweihundert Affen können wir es wirklich nicht aufnehmen. »Und die leben hier oben? Freiwillig? Oder sperren die Menschen sie ein?« Menschen machen so etwas. Mit Affen, mit Tigern, mit Eisbären. Völlig verrückt.

»Ach was«, antwortet der Boxer und rollt mit den Augen. »Die chillen da ihr Leben. Wo sollen sie auch hin? Das hier ist ne Insel. Und sie wären schön blöd, wegzugehen, wenn sie doch den ganzen Tag mit Essen vollgestopft werden. Die leben da wie englische Könige!« Er tritt einen Schritt näher an uns heran. »Apropos englische Könige: Wollt ihr was echt Krasses über Gibraltar wissen?«

Fina und ich blicken uns an. Etwas »Krasses« klingt nach Abenteuer. Also nicke ich.

»Habt ihr das große Tor gesehen, als ihr in die Stadt gekommen seid?«

»Den *Landport Tunnel*? Da, wo die Hühner wohnen?«, entfernt es mir aufgeregt.

»Exactly. Durch diesen Tunnel sind 1704 die Briten gekommen und seitdem gehört dieser Felsen ihnen. Einfach so. Very british, isn't it?«

»Haben die Spanier nicht versucht, ihn zurückzubekommen?«, frage ich verwirrt. Ich weiß, dass Menschen eigen sind, was ihren Besitz angeht. Mir wirft man vor, dass ich meinen Ball nicht teilen will, aber sie selbst würden ja auch niemandem ihr Handy überlassen. Und eine ganze Halbinsel sicher schon gar nicht.

»Doch, natürlich«, antwortet der Boxer, an dessen Hals mir jetzt eine funkelnde Marke mit dem Namen »Winston« auffällt. »Mehrmals sogar. Die Spanier blockierten die Seewege, um die armen Bewohner und vor allem die Besatzung von Gibraltar auszuhungern. Vier Jahre lang, zieht euch das rein! Geschossen haben sie natürlich auch, klaro, sind ja Menschen.«

Winston mustert Fina, die kurz zusammengezuckt ist. Jap, sie weiß, dass Menschen schießen. Auch auf Hunde. In ihrer alten Heimat kam das gar nicht so selten vor.

»Jedenfalls waren die Briten zäh. Und erfolgreich. Eine Legende besagt, dass Gibraltar erst wieder an die Spanier zurückfallen soll, wenn der letzte Affe vom Felsen verschwunden ist.«

»Dann ist es ja kein Wunder, dass die Menschen die Affen füttern – im Zurückgeben sind sie nicht gerade Profis.«

»Weißt du, wie sie überhaupt hierher gekommen sind?«, fragt Fina und schaut verunsichert nach oben in die Bäume, in denen sich eben etwas bewegt hat.

»Aber sicher.« Winston hebt stolz seine Brust, und obwohl ich mich durch so ein Machogehabe normalerweise provoziert fühle, warte ich gespannt darauf, dass er weitererzählt. »Sie kamen vor vielen Jahrhunderten aus Nordafrika nach Gibraltar. Man sagt, dass die Berberaffen die Nachkommen von marokkanischen und algerischen Tieren sind, welche zunächst von den Mauren und später von den Engländern auf ihren Handelsschiffen hergebracht wurden. Sie sind also vielleicht schon seit über tausend Jahren hier.«

»Das ist ... eine lange Zeit«, sage ich, obwohl ich mir gar nicht vorstellen kann, wie lang es tatsächlich ist. Ich habe keine Ahnung von Jahren. Das ist eine Erfindung der

Menschen, die etwas über unsere Lebenszeit aussagen soll.

Mir reicht, zu wissen, dass ich *jetzt* lebe.

»Wisst ihr, was noch aufregender ist?« Winston senkt seine Stimme. »Eine Legende besagt, dass die Berberaffen von dort drüben, also von Marokko, nach Gibraltar gelaufen sind.«

»Gelaufen?«, frage ich irritiert. »Übers Wasser?«

»Nein«, zischt Winston verschwörerisch. »Es soll einen unterirdischen Tunnel geben, der in Marokko beginnt und in der Höhle in *St. Michaels Cave* endet. Er führt unter der Meerenge von Gibraltar hindurch.«

»Wow«, hauche ich. »Wo ist diese Höhle?«

Ich *liebe* Höhlen!

»Das klingt nicht sehr realistisch«, mischt Fina sich ein. »Wenn es einen Tunnel gäbe, würden die Menschen ihn dann nicht auch benutzen?«

»Nur die Affen kennen ihn«, sagen Winston und ich gleichzeitig und ich muss grinsen.

»Winston«, ruft sein Mensch und gewinnt damit auch meine Aufmerksamkeit. »Vamonos!«

»Okay Leute, war nett mit euch. Ich muss weiter.« Er schüttelt sich kurz, um eine Fliege abzuwehren. »Vergesst nicht, euch von den Affen fernzuhalten!«

»Wenn ich den Tunnel finde, sage ich dir Bescheid«, entgegne ich aufgeregt.

»Gracias, mein Freund.«

Winston zwinkert, wirft Fina einen charmanten Blick zu und spaziert dann mit seinem Menschen den Berg hinab.

»Wir müssen zu diesem Tunnel«, sage ich zu Fina.

»Es gibt keinen Tunnel«, erwidert sie und gähnt.

»Wir folgen einfach den Affen. Sie werden uns hin-
führen.«

≈

Spoiler: Fotis hat den Tunnel nicht gefunden. Am Ende
des *Devil's Gap Path* war für uns mit den Hunden Schluss.
Wer Glück hat, erspäht hier schon den einen oder anderen Affen, doch eine Garantie gibt es nicht. Wer weitergehen möchte, sollte dies ohne seinen Vierbeiner tun,
denn ab hier dringen wir in das Hoheitsgebiet der britischen Krone – Verzeihung – der Berberaffen ein.

Es gibt viele Attraktionen auf dem Weg hoch zum
»Affenheadquarter«. Eine davon ist der *Skywalk*, der wie
der Name vermuten lässt, ganz oben liegt. Auf einem
Glasboden kann man über die Abbruchkante treten und
Hunderte Meter in die Tiefe schauen. Ich gebe zu, ganz
geheuer war es mir nicht, doch der Ausblick nach unten
auf den offenen Ozean und den Rest der Halbinsel war
grandios!

Wer über einen weiteren »Abgrund« wandeln möchte,
der sollte sich die *Windsor Suspension Bridge* anschauen.
Diese Hängebrücke hatte ich mir beim ersten Besuch
gespart, weil ich befürchtete, dort Höhenangst zu
bekommen. In Wahrheit war es dann aber gar nicht so
schlimm, da die Brücke extrem stabil anmutet. Ich hatte
mir eher eine löcherige, wackelige Konstruktion wie bei
Indiana Jones vorgestellt – nicht zuletzt, weil es auf
Social Media durchaus einige Fotos gibt, welche die
Brücke sehr dramatisch erscheinen lassen.

Solche kleinen Attraktionen zwischendurch erleich-
tern den anstrengenden Aufstieg ungemein. Ein Highlight, das während der Wanderung dauerhaft zu sehen

ist, ist die unglaubliche Aussicht auf Marokko, Spanien und die im Mittelmeer kreuzenden Frachtschiffe. Die Küste von Afrika sieht aus wie ein Gemälde, das sich über den Horizont erstreckt. Von diesem Anblick will man sich eigentlich gar nicht abwenden, doch dann rückt die nächste Attraktion in den Vordergrund: die ersten Berberaffen! Sie begegnen den Besuchern auf den unteren Wegen zunächst nur vereinzelt, aber oben, rund um ihre Futterstellen, trifft man auf große Gruppen.

Die Affen haben sich im Laufe der vergangenen Jahrhunderte an den Menschen gewöhnt, der in ihrem Lebensraum herumwandert, was aber nicht bedeutet, dass sie ihre Wildheit verloren haben. Wir sollten ihnen immer mit Respekt begegnen. Also nicht anschleichen, sondern uns bemerkbar machen, wenn wir auf sie zugehen. Nicht laut schreien oder plötzliche Bewegungen machen. Ihnen aus dem Weg gehen, wenn sie uns entgegenkommen. Auf Abstand bleiben, nicht füttern (das ist unter Strafe verboten!) und auf keinen Fall einen der Affen anfassen! By the way, gerade für Hundehalter kann das zu einer unangenehmen Überraschung führen, wenn man nämlich unbemerkt einen oder gar mehrere Flöhe ins eigene Zuhause einschleppt. Wobei das noch die am wenigsten schlimme Folge einer Berührung mit den Affen wäre, denn die finden das möglicherweise gar nicht so niedlich und könnten beißen.

Ja, das tun sie wirklich. Im Jahr 2012 beispielsweise gab es neunundfünfzig aufgezeichnete Affenbisse auf dem *Upper Rock* – zum Großteil wurden sie sicher durch das übergriffige Verhalten der Menschen provoziert. Im Grunde gelten für die Affen ähnliche Verhaltensweisen wie beim Zusammentreffen mit einem fremden Hund

(und jedem anderen Tier, dem wir mit Respekt begegnen wollen).

Bei meiner ersten Wanderung hoch zum Affenfelsen war ich dank *Google* bestens vorbereitet: Man solle bloß keine Taschen mitnehmen und auf Kameras, Brillen und Mützen gut aufpassen. Da eine mehrstündige Wanderung ohne Proviant in meiner Welt nicht zu bestreiten ist, hatte ich zwar einen Rucksack mitgenommen, aber kam mir unheimlich clever vor, weil ich im Reich der Affen einen weiten Pullover darüber angezogen hatte. Tja, damit habt ihr nicht gerechnet, liebe Affen, oder?

Womit *ich* nicht gerechnet hatte: Die Affen interessierten sich weder für meinen »versteckten« Rucksack, noch für die Taschen der anderen Besucher. Sie wirkten extrem entspannt und ließen sich nicht mal von einer Reisegruppe stören, die sich an ihnen vorbei eine schmale Treppe zum Aussichtspunkt hinter ihrem Futterhaus hochschob. Dabei hatte ich gelesen, dass man Treppen und enge Bereiche meiden sollte, weil man den Affen dort zu sehr auf die Pelle rückte! Klar, sie kamen nun nicht mehr vorbei, doch sie sprangen einfach die paar Meter über die Menschen hinweg. Eine gechillte Affenbande war das.

Hm. Hatte das Internet etwa übertrieben?

Ein Jahr später wanderte ich wieder hoch. Tiefenentspannt, ohne »Versteck«, dafür mit ziemlich guter Laune und wenig Vorsicht im Gepäck. Dieses Mal hatten die Affen offensichtlich Cola zum Frühstück gehabt, denn es dauerte nicht lange, bis mich etwas nach hinten zog.

Da saß ein Affe auf meinem Rucksack!

Im ersten Moment dachte ich: Hilfe! Im Zweiten: wie knuffig! Und im Dritten: Moment mal, macht der gerade meinen Rucksack auf? Und genau das tat er. Viel erbeutete er nicht, denn er gab sich schnell mit einer Handykordel aus Paracord zufrieden und flitzte mit seinem Diebesgut davon. Er sprang auf die *Charles V Wall*, deren steile Stufen gern von abenteuerlustigen (und fitten!) Besuchern genutzt werden, um den Berg schneller zu erklimmen. Und um die Affen-Sichtungsquote zu erhöhen, denn auf dieser schmalen Treppe tummelten sich besonders viele Affen. War nicht eine Regel, dass man Abstand halten sollte? Das war auf diesen Stufen kaum möglich. Deshalb brach ich meinen kläglichen Verfolgungsversuch erfolglos ab. Der Affe schwenkte die Kordel wie eine Trophäe, mit der er mich verhöhnen wollte. Die anderen Besucher sahen das und fanden es witzig – ich eher nicht so, denn ich schämte mich in Grund und Boden. Zunächst beobachtete ich den Dieb dabei, wie er sich mit seinen Bandenkumpanen um die Beute stritt, doch als ein älterer Affe es ihm abluchste und damit in Windeseile das Weite suchte, schloss ich mit meiner Kordel ab. Pech gehabt.

Es war purer Zufall, dass einige hundert Meter entfernt ein Ranger neben mir das Auto seines Kollegen anhielt und ich hörte, dass ein Affe soeben einen Gegenstand gegen Futter getauscht hatte.

»That's mine!«, rief ich mit einer Mischung aus Freude über das wiedergefundene Handyband und Scham, weil ich so blöd gewesen war, mir etwas von einem Affen klauen zu lassen.

Der Ranger war extrem freundlich und erklärte mir, dass die Affen über die Jahre gelernt haben, zu tauschen. Sie gehen also nicht unbedingt an unsere Taschen, weil sie sich vom konkreten Inhalt etwas versprechen, sondern um einen Gegenstand in die Finger zu bekommen, den sie gegen Futter eintauschen können. Was für ausgebuffte Tiere!

Und auch einen weiteren Fehler zeigte der Ranger mir auf: Ich stand an einem Geländer, als der Affe auf mich drauf sprang, direkt neben der gern als Kletterstange genutzten *Charles V Wall*. Geländer und Treppe, das waren gleich zwei dumme Orte zum Herumstehen, wenn man nicht wollte, dass sich ein turnendes Jungtier auf einen stürzte.

Übrigens: Genau wie Hunde zeigen Berberaffen ihre Grenzen! Sind sie gestresst, kratzen sie sich. Das ist das erste Zeichen, ein wenig Abstand zwischen sich und den Affen zu bringen. Fühlen sie sich bedroht, formen sie außerdem eine Art Schmollmund und ziehen die Augenbrauen hoch. Das heißt ganz klar: »Stop!«

Ich selbst habe diese Geste niemals gesehen, doch wie überall gibt es auch im Naturreservat des Rock of Gibraltar übergriffige Menschen, die es witzig finden, den Tieren auf die Nerven zu gehen. Wer kennt es nicht von früher vom Schul- oder Familienausflug in den Zoo, dass irgendwer an die Glasscheibe des Affenkäfigs klopfte, ihnen etwas zu essen zeigte oder sie mit »Affenlauten« anschrie? Nur dass auf dem Affenfelsen keine Scheibe dazwischen ist und Warnsignale hier durchaus ernst genommen werden sollten.

Beobachtet man diese – vielleicht ist man für ein Foto einen Schritt zu nah an den Berberaffen herangetreten – soll man sich langsam wieder entfernen. Stellt er daraufhin seine Drohgebärde nicht ein, ist er absolutely not amused, wie die verstorbene Queen Elizabeth sagen würde. Und genau wie die Briten damals die Spanier angegriffen haben, ist auch der Affe nun zum Angriff bereit, sollte man ihn weiter belästigen.

Berücksichtigt man die paar simplen Regeln, ist der Besuch auf dem Affenfelsen ein absolut erfüllendes Erlebnis. Wo sonst kann man in Europa Berberaffen in ihrem natürlichen Lebensraum beim Dösen, Fangenspielen oder Kabbeln beobachten?

Aber halt, was ist denn nun mit der Höhle, die Fotis nach einem Tunnel nach Marokko durchsuchen wollte? St. *Michaels Cave* liegt unterhalb des Gipfels und geht man zu Fuß den Berg hoch, kommt man unweigerlich daran vorbei. Der Eintritt ist im Eintrittspreis des Parks inbegriffen und es lohnt sich, einen kurzen Abstecher in dieses Kalksteinhöhlensystem zu machen. In der größten der etwa hundertfünfzig Höhlen auf Gibraltar befinden sich zahlreiche Stalaktiten und Stalagmiten, die mit bunten Lichtern angestrahlt werden und einen faszinierenden Anblick bieten.

Einen Tunnel konnten wir nicht finden – doch es gibt eine weitere Legende! St. *Michaels Cave* soll das Tor zum Hades der griechischen Unterwelt sein. Also lieber schnell wieder raus, oder?

Mein persönlicher Rat: Die Wanderung hoch ist ein echtes Highlight! Definitiv sehr mühsam, aber ist es nicht gerade diese Anstrengung, die das Ziel am Ende noch überwältigender macht? Ich weiß, wovon ich rede, denn ich bin ganze vier Mal hinaufgelaufen. Inklusive einiger Momente, in denen ich an meiner Zurechnungsfähigkeit gezweifelt habe; schließlich hätte es die Seilbahn für achtzehn Pfund so viel müheloser gemacht. Oder eine private Taxifahrt, die gar nicht mal so teuer ist, wenn man mit genügend Leuten fährt. Der Vorteil daran wäre auf jeden Fall, dass der Taxifahrer einiges über Gibraltar zu erzählen hat und mit etwas Glück sogar einen Tourguide ersetzt.

Aber wie so oft: Der Weg ist das Ziel. Und auf diesem Weg ist wirklich jeder Meter eine Attraktion. Hinter jedem Strauch wartet eine andere grandiose Aussicht auf das unter einem liegende Gibraltar, das am Horizont auftauchende Afrika und das gegenüberliegende Spanien. Man kann sich stundenlang auf dem Areal aufhalten, wenn man sich wirklich alles anschauen möchte. Es gibt sogar ein kleines »Hotel« auf dem Affenhügel, in dem man übernachten kann. Sleepover bei den Berberaffen mit Frühstücksaussicht auf zwei Kontinente – und das nur einen Steinwurf vom spanischen Festland entfernt.

Hunde sind nach aktuellem Stand auf dem Affenfelsen übrigens nicht verboten, jedoch wird empfohlen, sie nicht mitzunehmen – das wäre im Zweifelsfall mehr Stress als Spaß für alle Beteiligten.

Das wäre doch auch ein guter Grund, mal wieder das Alleinbleiben im Van zu trainieren, oder? Unsere Hundetrainerin Nastasia hat hierzu ein paar hilfreiche Tipps für euch.

Alleinbleiben im Van
Hundetrainerin Nastasia aus Köln / Kölleforniadogs

Beim Thema „Alleinbleiben" geht es in erster Linie um eine Ressourcenverfügung des Hundes. Wenn der Hund die Ressource „Mensch" immer frei zur Verfügung hat, kann man nicht erwarten, dass man den Hund verlässt er und einfach so allein bleibt. Ich sage immer: „Alleine bleiben übt man, während man da ist!"

Prinzipiell wäre es von Vorteil, wenn der Hund das vorab schon in der Wohnung oder im Haus gelernt hat. Ansonsten gilt:

- den Hund viel ignorieren, nicht ständig alles kommentieren, was er so macht, nicht immer angucken, nicht permanent zum Hund sprechen
- kleinschrittig aufbauen und beispielsweise mal draußen die Wäsche aufhängen und ganz entspannt wieder reinkommen, dabei den Hund ignorieren

Der Hund soll lernen: Es ist völlig egal, wo mein Halter/ meine Halterin jetzt ist. Ich kann mich auch entspannen, wenn er / sie nicht in meiner Nähe ist. Das muss man dem Hund beibringen und kann es nicht pauschal von ihm verlangen. Man verbringt in einem Van selbstverständlich viel mehr Zeit zusammen und auch auf engem Raum. Umso wichtiger ist es, dass man sich selbst als „Ressource Mensch" gut managed und nicht immer frei zur Verfügung steht – damit der Hund nicht in Panik gerät, wenn man mal wegmuss oder was ohne den Hund machen möchte (was ja auch absolut legitim und wichtig ist).

Cádiz: Sandteufel und Balljungen

FOTIS

»Los, wirf!«

Ich liebe meinen Ball. Er ist klein, glatt und quietscht. Und er ist rot und blau und *hach*. Er ist einfach perfekt!

Und am tollsten ist es, ihm am Sandstrand vor der Tür hinterherzujagen.

Mein Mensch täuscht den ersten Wurf an, aber ich bin ja nicht blöd und kenne diesen Trick. Um ihm einen Gefallen zu tun, schaue ich kurz in die Richtung, in die der Ball eigentlich geflogen wäre, und fixiere dann wieder zielstrebig seine Hand, die – Überraschung – noch immer meinen zweifarbigen Ball festhält.

»Na, jetzt hast du mich aber gekriegt«, denke ich mit einem Schuss Ironie. »Und jetzt: wirf!«

≈

Vor ein paar Jahren haben wir damit angefangen, Fotis draußen Leckerlis suchen zu lassen. Vor allem unterwegs ist die Nasenarbeit eine auslastende Beschäftigung, wenn mal Dauerregen herrscht. Oder auch einfach nur so, zum Spaß, weil das Gelände es hergibt. Wie zum Beispiel an einem weitläufigen Strand in Südspanien. Ganz unauffällig ließ ich während des Gehens immer wieder ein Leckerli fallen, sodass Fotis nach dem Freigabesignal ordentlich was zu tun hatte. Es war voll sein Ding, sich sein Futter zu »erschnüffeln.«

Nur eine Sache war noch beliebter: das Ballwerfen. Wie ein Wahnsinniger jagte er dem Ball hinterher, sauste durch den Sand und brachte ihn immer wieder hoch motiviert zurück. Jedes Mal mit ein bisschen mehr Sabber und Sandkörnern daran.

Als wir im zweiten Jahr erneut auf dem Weg nach Cádiz waren, scrollte ich durch meinen Instagramfeed. Darin entdeckte ich einen Hund, der es ebenfalls liebte, im Sand zu toben und seinen Ball zu jagen – und der gerade fast an einer Sandkolik gestorben wäre! Ich war alarmiert. Die restliche Fahrtzeit wühlte ich mich durch *Google* und recherchierte Symptome und Ursachen. Mir wurde bewusst, dass Fotis bisher ziemliches Glück gehabt hatte. Eine Sandkolik entsteht nämlich, wenn der Hund größere Mengen Sand aufnimmt – zum Beispiel beim Apportieren eines Balls oder Spielzeugs, beim Buddeln, Toben, sogar beim Putzen der sandigen Pfoten! Der Hund schluckt dabei immer wieder ein paar Sandkörner hinunter, die in Summe den Dick- und Dünndarm verstopfen und zu einem kompletten Darmverschluss führen können. Und das ist dann unter Umständen lebensgefährlich!

Ich erinnerte mich daran, wie lange Fotis in den vergangenen Wochen am Strand getobt hatte und wie oft sein geliebter Ball vollkommen von Sand bedeckt aus seinem Maul gepurzelt war. Das würden wir so garantiert nicht mehr machen!

Tierarzt-Tipp: Sandkolik erkennen
von Dr. Meike Does

Symptome: Krämpfe, Übelkeit, Erbrechen, Durchfall, Verstopfung, Schmerzen, Unruhe, Appetitlosigkeit.

Eine Sandkolik entsteht beim Schlucken von großen Mengen Sand, wie etwa beim Spielen am Strand oder durch Buddeln. Bei einem Verdacht sollte <u>sofort</u> ein Tierarzt aufgesucht werden, denn eine unbehandelte Sandkolik kann lebensbedrohlich sein! Also nicht bis zum nächsten Tag warten – wenn die Symptome auftreten und man weiß, dass der Hund viel am Strand gespielt oder gebuddelt hat, sofort los!

Erste Hilfe ist primär nicht notwendig; alles, was getan werden kann, muss vom Tierarzt gemacht werden. Wenn der Hund viel erbrechen sollte und sehr schlapp ist: aufpassen, dass er das Erbrochene nicht in die Lunge einatmet.

FOTIS

»Moment – heißt das etwa, ich darf nie mehr am Strand Ballspielen oder Leckerlis suchen?«

In der letzten Viertelstunde hatte ich aufmerksam das Gespräch meiner beiden Menschen verfolgt, die darüber diskutiert hatten, ob sie meine liebsten Hobbys am Strand vorerst einstellen sollten.

Offenbar wurde das letzte Wort gesprochen – aber hey, nicht mit mir!

Ich gucke meine Menschin mit dem leidendsten Gesichtsausdruck an, den ich beherrsche. In all den Monaten unterwegs habe ich so einige Straßenhunde getroffen, bei denen ich mir etwas abschauen konnte. »Das kannst du doch nicht machen!«

Ich folge ihrem Blick zur Schublade neben dem Bett, in der nicht nur *ein* Ball versteckt ist, nein, es ist ein ganzer Vorrat! Von dem soll ich offiziell nichts wissen, aber ich rieche ihn, weil die nagelneuen Bälle einen markanten Duft versprühen.

Meine Menschin geht zur Gassitasche und fischt den alten Ball heraus, den sie mir immer draußen am Strand zuwirft. Mit einem skeptischen Blick auf das Tütchen, in dem der Ball in der Tasche verstaut war, kippt sie einen Haufen Sand aus, der sich irgendwie darin angesammelt haben muss.

Ja gut, der klebte wohl am Ball. Das passiert nun mal, wenn ich ihn erst in den Mund nehme und dann in den Sand fallen lasse. Aber sei doch froh, dass er in der Tüte gelandet ist, und nicht in meinem Magen!

Meine Menschin scheint aber keineswegs froh zu sein.

»Wir wollen doch nicht, dass du Magenprobleme bekommst«, höre ich sie sagen.

»Redest du mit mir? Ich bin doch nicht blöd und fresse Sand!«

Na ja, okay.

Vielleicht manchmal, wenn etwas Leckeres darin vergraben ist. Eine Pommes oder so. Oder wenn ich nach einem Maulwurf auf der Wiese grabe und dabei aus Versehen Erde in meinem Maul landet. Oder wenn ...

Verdammt, ich glaube, ich fresse doch ziemlich gerne Sand.

Meine Menschin mustert mich besorgt, dann fällt ihr Blick wieder auf die Schublade.

Ich gerate in Panik. Denk nicht mal daran! »Was soll denn mit den ganzen Bällen passieren, so lange wir am Meer sind? Willst du die etwa *wegschmeißen*?«

Ich bin fassungslos. Wie nachhaltig wäre es denn, dieses chemisch hergestellte Gummi wegzuwerfen, ohne es sinnvoll bis zum vollständigen Zerfall verwendet zu haben?

»Wir gehen heute mal ohne Ball raus«, sagt meine Menschin und öffnet die Tür. Sie will, dass ich ihr folge. Unschlüssig bleibe ich an Ort und Stelle stehen und sehe zwischen der Schublade und ihr hin und her.

Fina steht erwartungsvoll im Flur und versteht nicht recht, wieso ich zögere. Normalerweise bin ich der Erste an der Tür.

»Los, Fotis«, höre ich meinen Namen. »Sonst gehen wir ohne dich!«

Ohne mich? Von wegen!

Ich bete inständig, dass der andere Mensch während meiner Abwesenheit die Bälle nicht in den Müllsack befördert. Zuzutrauen wäre ihm das allemal.

Bereits mit dem ersten Schritt auf dem warmen Sandboden wirkt die Umgebung seltsam vertraut. So, als wäre ich schon mal hier gewesen.

Das ist eher ungewöhnlich, denn wir ziehen immer weiter. Der einzige Ort, an dem wir bisher mehrmals waren, war der Affenfelsen. Hoffentlich fahren wir dort wieder hin – ich muss diesen Tunnel finden und Fina beweisen, dass ich recht hatte.

Die Vormittagssonne steht hoch und ich blinzele gegen das Licht an, um die Umgebung zu betrachten. Blaues Meer. Und Sand. Viel Sand. Sogar am Horizont schiebt er sich hoch bis fast in den Himmel. Hier könnte ich so gut meinem Ball hinterherjagen …

Alles hier wirkt seltsam bekannt. Ein *Vibe*, würden die Menschen vielleicht sagen. Es riecht vertraut nach Pinien und Salz, nach Fisch und Menschenessen, das achtlos in den Sand geworfen wurde. Es riecht nach Erinnerungen.

»Hola, Chico!«, höre ich plötzlich eine altbekannte Stimme. Sofort beginnt mein Herz, schneller zu schlagen.

»Lucky?«, frage ich hoffnungsvoll, noch bevor ich mich umgedreht habe.

Träume ich?

Nein! Sie steht tatsächlich vor mir!

»¿Qué tal?«, fragt sie leichthin, so als wäre es völlig normal, dass wir uns hier begegnen. Und nicht so ziemlich das größte Wunder, das ich in meinem Leben je erfahren habe!

»Lucky!«, rufe ich, so laut ich kann, und springe sie freudig an. Sie fällt fast um, als ich sie mit meiner Schulter ramme, doch dann huscht ein schelmischer Ausdruck in ihr Gesicht und sie beantwortet meinen freundschaftlichen Angriff mit einer Hetzjagd durch die Dünen.

Die Dünen! Der feine Sand fliegt schwerelos unter unseren Pfoten nach oben, legt sich auf meine Stirn und verfängt sich in meinen Wimpern. Doch es ist mir egal. Ich renne und renne, um Lucky nicht erneut zu verlieren. Als wir schließlich im Schatten einer hohen Düne Luft holen, mustere ich sie glücklich.

»Was meinst du, wie lange ist das her?«, frage ich sie.

»Mehr als ein großes Feuerwerk«, antwortet sie und lässt sich neben mir in den vom Schatten gekühlten Sand fallen. Ihr Körper strahlt Wärme aus, die ich bei diesen Temperaturen nicht gebrauchen kann, und trotzdem genieße ich sie.

Ich bin erleichtert, dass Lucky sich an mich erinnert, und sogar daran, wann wir uns zuletzt getroffen haben. Und sie hat recht.

»Meine Menschen nennen es Silvester«, erkläre ich.

»Ich dachte, du würdest wiederkommen. Zum nächsten *Silvester*«, murmelt sie.

»Ich wäre gerne wiedergekommen«, antworte ich und bekomme einen Kloß im Hals, so als wäre dort ein trockenes Leckerli stecken geblieben.

»Weiß ich doch, Chico. Hast auf deinen Reisen bestimmt keine wie mich kennengelernt.« Sie grinst. »Außer die da drüben, wie ich sehe.« Sie deutet mit ihrer Schnauze die Düne hinunter, zu Fina, die mit meiner Menschin am Strand entlang geht. Sie hört noch nicht verlässlich und darf daher selten frei laufen – ein Glück für mich, denn sonst würde sie Lucky und mir nun bestimmt auf die Pelle rücken.

»Sie kommt von der Straße und meine Menschen wollten ihr ein besseres Leben ermöglichen. Sie ist ganz okay, so als nervige große Schwester. Aber sie ist nicht so cool wie du.«

»Verstehe«, antwortet Lucky und ich habe den Eindruck, dass sie näher an mich heranrückt. »Und wie lange bleibt ihr dieses Mal?«

»Das wissen nur meine Menschen. Ihre erste Amtshandlung hier wird wohl sein, mir meinen Ball wegzunehmen.«

Ich schmatze unglücklich.

Lucky wirkt belustigt. »Deinen Ball? Ist das dein Ernst?«

»Du hast wohl keinen«, entgegne ich ein wenig eingeschnappt, weil sie mich ansieht, als wäre ich ein kindischer Welpe. »Du weißt gar nicht, was dir entgeht.«

»Außer Dreck und Sand im Maul?«

Habe ich mich verhört?

»Du klingst wie meine Menschen!«

»Ach, wundert dich das? Chico, jeder weiß, dass man an einem Strand wie diesem nicht mit einem Ball spielt.«

»Ist das so?«

Pah! Wenn jemand anders so was sagen würde, würde ich gar nicht zuhören.

Aber Lucky ist abgeklärt. Sie ist schlau. Ich meine, sie frisst sich den ganzen Tag bei den unterschiedlichsten Menschen durch. Sie wäre wohl die Letzte, die einem den Spaß verderben wollen würde.

»Glaub mir. Ich hab da hinten auf dem Parkplatz schon so einige Touristenhunde gesehen, die echt Probleme gekriegt haben. Die bekamen Bauschmerzen, mussten sich übergeben oder hatten Durchfall. Beziehungsweise das Gegenteil, Verstopfung. *Autsch.* Drüben in Tarifa habe ich einen Freund, dessen Mensch Tierarzt ist. Du kannst dir nicht vorstellen, wie viele Hunde in seiner Klinik mit genau solchen Symptomen behandelt werden, weil sie aus Versehen eine Menge Sand gefuttert haben. Zum Beispiel wegen ihres dummen Balls.«

Beim Gedanken an meinen hüpfenden Ball seufze ich.

Lucky schüttelt verständnislos den Kopf.

»Die müssen teilweise sogar operiert werden.« Sie legt sich auf die Seite und sieht mir direkt in die Augen. »Du lebst doch wohl schon gefährlich genug mit deinen Snack-Eskapaden am Strand oder Chico?«

Ich sage nichts.

»Ich verurteile dich nicht für dein mehr als gewöhnliches Hobby. Ich meine, blind vor Trieben einem toten Gegenstand hinterherzuhetzen, als sei es ein Kaninchen ... do your thing. Aber erzähl mir nicht, dass das ein tolles Gefühl ist, den ganzen Sand an der Zunge und hinter den Lefzen zu haben. Das ist doch ... widerlich.«

Sie schnaubt und schüttelt den Kopf, sodass das braune Langhaarfell an ihren Ohren durch die Luft fliegt.

Lucky ist eben eine Hündin mit Klasse. Natürlich würde sie sich nie die Schnauze dreckig machen – außer sie hat was davon.

»Ist auch nicht ekliger, als sich absichtlich in Kuhmist zu wälzen, nur damit man bedürftig aussieht und mehr Futter von Fremden abstaubt.«

Sie grinst. »Du erinnerst dich.« Fast verlegen schlägt sie ihre Lider nieder und murmelt: »Ein kluger Hund tut, was nötig ist. Und nur das, was nötig ist.«

»Also findest du es bescheuert, mit einem Ball am Strand zu spielen?«

»Nein, Chico«, antwortet sie milder und lächelt mich warm an. »Aber friss nicht so viel von dem Sand, ja? Leck ihn dir nicht von den Pfoten. Trink am besten auch kein Meerwasser. Und wenn es dir nicht gut geht, nachdem du länger am Strand warst, dann sag deinen Menschen Bescheid. Wir wollen doch beide nicht, dass dir was passiert.«

Sie legt ihren Kopf auf meine Pfote und ich atme ihren Duft nach Stroh, Rindern und dem Waschmittel ein, das vermutlich für die Decke in ihrem Körbchen benutzt wurde. Der Wind fegt Sand von der Dünenkrone über uns hinweg und wir rücken noch näher zusammen. Ich könnte hier ewig so liegen, mit dieser phänomenalen Hündin, die sich um mich sorgt. Mir wird schwer beim Gedanken daran, wie lange es dieses Mal dauern wird, ehe ich sie wiedersehen werde, nachdem wir diesen Ort verlassen haben.

»Ich wünschte, wir könnten für immer hierbleiben«, sage ich. »Meinen Menschen gefällt es hier auch. Ich verstehe nicht, wieso sie jedes Mal weiterfahren wollen.«

»Es ist doch schön, andere Orte zu sehen. Bestimmt würde dir hier schnell langweilig werden.«

»Das glaube ich nicht«, entgegne ich aufgeregt. »Hier gibt es so viel zu tun und zu sehen. Wir könnten den Rindern am Strand hinterherlaufen.«

»Oder die Pferde im Auge behalten, die gerne mal unerlaubte Ausflüge vom Strand in den Ort machen und den Autos auf der Straße den Weg versperren«, ergänzt sie strahlend. »Oder gemeinsam die Camper ausnehmen und das Futter an die Straßenhunde verteilen, die sich nicht auf den Parkplatz trauen, weil sie Angst vor Menschen haben.«

Ich frage nicht, weshalb sich diese Hunde vor Menschen fürchten, denn ich kann es mir denken.

Bevor Fina bei uns einzog, hätte ich niemals geglaubt, dass ein Mensch einem Hund gegenüber bösartig sein könnte. Ich für meinen Teil werde immer entzückt angelächelt und gestreichelt. Aber was Fina mir über ihr Leben auf der Straße erzählt hat, hat mich ein Stück demütiger und weniger naiv gemacht. Es gibt schlechte Menschen, die einen Hund schlagen. Mit einem Rohr oder einer Stange. Oder sogar auf ihn schießen oder ihn absichtlich mit dem Auto überfahren.

»Das würde ich gerne mit dir machen«, sage ich und verliere mich für einen Moment in der Vorstellung von Lucky und mir in den Rollen von *Robin Hood* und *Little John*. Auch Lucky ist still und lächelt vor sich hin, als sie sich enger an mich kuschelt. Der Wind weht ihr Fell auf meine Nase und es kitzelt, doch ich traue mich nicht, mich zu bewegen. Dieser Moment soll niemals enden.

»Fotis!«, höre ich nach einer kleinen Ewigkeit meinen Namen.

»Jemand sucht dich«, sagt Lucky und rappelt sich langsam auf. »Und ich sollte auch wieder zurück.«

»Meine Menschin hat bestimmt auch eine Kaustange für dich«, versuche ich, sie so lange wie möglich an meiner Seite zu halten. Ich sehe in ihren blitzenden braungoldenen Augen, dass sie dieses Angebot nicht ausschlagen kann.

»Ich gehe auch ohne Kaustange mit zu dir«, sagt sie und stupst mich mit ihrer Schnauze an, ehe sie sich in Bewegung setzt und wie ein Wüstensturm durch die Dünen saust. Ich komme gar nicht so schnell hoch, wie Lucky unten bei meiner Menschin und Fina angekommen ist und sie freundlich begrüßt.

Ich hoffe, wir bleiben noch eine ganze Weile hier.

Auch wenn ich wirklich nicht mehr Ballspielen darf.

≋

Abgesehen von zu viel Sand im Magen, gibt es noch ein ähnliches »Strand«-Problem, das einige von euch vielleicht schon einmal mit ihrem Hund erlebt haben: zu viel verschlucktes Salzwasser!

Fotis ist tatsächlich ein Meister darin, sich selbst in Schwierigkeiten zu bringen, und so wundert es niemanden, dass er, ohne zu zögern, Meerwasser runterschluckt, wenn ihm gerade danach ist. Das kann aber, genau wie zu viel Sand, ziemlich gefährlich werden!

Tierarzt-Tipp: Salzwasservergiftung
von Dr. Meike Does

Symptome: Übelkeit, Erbrechen, Bauchschmerzen, Appetitlosigkeit, Durchfall

Salzwasser kann in größeren Mengen zu Vergiftungen führen! Es kommt zu Dehydrierung, weil das überschüssige Salz Wasser aus dem Blut in den Darm zieht. So entsteht eine Störung des Flüssigkeitshaushalts. Die Zellen geben ihren Wassergehalt ab, um den Natriummangel auszugleichen. Das kann zu Krampfanfällen, Nierenschäden und massiver Dehydration führen.
Das ist ein Fall, **sofort** zum Tierarzt zu fahren!

Bei geringen Mengen kann es zu Übelkeit, Erbrechen und Durchfall kommen. Dabei ist aber meistens das Allgemeinbefinden nicht gestört. Dann reichen Schonkost und eventuell Kohletabletten.

Hobbyhaunting beim Vanlife

Es gibt Hobbys, die sieht man bei Umherreisenden auf *Instagram* oder *TikTok* immer wieder: Surfen. Angeln. SUP. Dadurch, dass man so viel in der Natur unterwegs ist, sucht man sich natürlich auch Hobbys, denen man draußen nachgehen kann.

Wir haben mittlerweile einiges durchprobiert: Surfen? Können wir nicht, das haben wir an der französischen Mittelmeerküste schnell aufgegeben. SUP? Das hat sich an den Orten, an denen wir campten, selten angeboten. Beispielsweise war das Meer oft unruhig und wir hatten wenig Möglichkeiten (und Lust) es aufzupumpen und raus zu paddeln. Angeln? Das ist etwas, an dem David drangeblieben ist, wobei er mittlerweile eher zum Speerfischen übergegangen ist. Dafür braucht man in den meisten Ländern ein ärztliches Attest, in Griechenland jedoch nicht – das erste, was er sich dort angeschafft hat, war deshalb eine Harpune. Der Vorteil gegenüber dem Angeln ist, dass man den Fisch beim Speerfischen gezielter auswählen kann und so ungewollte Fänge vermeidet. Es wird also nur das Lebewesen getötet, das man wirklich »benötigt«.

Es hat seinen Charme, sich sein Essen selbst zu fangen: Man weiß genau, woher das Tier kommt, das auf dem Teller liegt. Das schafft ein anderes Bewusstsein für den Konsum tierischer Produkte und regt zum Nachdenken an. Und abgesehen davon macht sowohl das Angeln als auch das Speerfischen vielen Leuten Spaß.

Mittlerweile haben wir unser SUP gegen ein Kanu ausgetauscht, das wir deutlich öfter einsetzen. So können wir gemeinsam mit beiden Hunden aufs Meer raus – auch bei etwas mehr Wellengang. Das nächste Upgrade wird sicher ein Motor dafür sein, damit das Paddeln gegen die Strömung nicht so anstrengend ist. Nicht selten wurden wir von plötzlichem Wind überrascht – ob in Spanien auf der Suche nach Delfinen (davon erfahrt ihr im folgenden Kapitel) oder in Griechenland bei der Überquerung des Meeres zu einer unbewohnten Insel. Zwei Kilometer gegen die Strömung! Die Insel war es wert, doch der Muskelkater in den Armen erinnerte uns noch ein paar Tage später an diesen Ausflug.

Ein Hobby, für das man fast kein Equipment benötigt, ist das Laufen. Ich betreibe es seit Jahren, aber seit wir mit dem Van unterwegs sind, sind mehr Leichtigkeit und richtiger »Genuss« ins Training eingezogen. Neue Orte laufend zu entdecken, ist für mich die perfekte Kombination aus Workout und Sightseeing. Und durch wechselnde Gegebenheiten – Hügel, Strand, Asphalt, Berge, Wald, Schotterstraßen – ist jeder Lauf anders. Gerade weil einige Orte herausfordernder sind, steht für mich nicht mehr die Geschwindigkeit im Vordergrund, sondern der Spaß und das Entdecken der Landschaft. Ich genieße Trailläufe in bergigem Gelände genauso wie Morgenläufe an menschenleeren Strandpromenaden, die ein paar Stunden später von Touristen überschwemmt werden. Ein Highlight für jeden Läufer dürfte der Ort

Marathon sein, der sich nordöstlich von Athen befindet. Hier fand 1896 der allererste Marathon der Neuzeit statt. Die Grundlage dafür war die Legende vom Botenläufer Pheidippides, der vor mehr als 2500 Jahren von Marathon nach Athen gelaufen war, um die Nachricht über eine siegreiche Schlacht zu verkünden. 42,195 Kilometer – der Arme!

Bis heute führt der jährliche Marathon von hier bis nach Athen. Ich verpasste dieses Großereignis leider um drei Tage, denn wir reisten absolut ahnungslos »nur« nach Marathon, um uns einen der naturbelassensten Strände Griechenlands anzusehen. Tja, vielleicht bis nächstes Jahr, *Athen Marathon!*

Etwas, das wir mit Fotis und Fina gerne machen, ist Zughundesport. Dafür benötigt der Hund ein spezielles Geschirr und eine zugehörige Leine, während der Mensch sich einen Gurt umschnallt – und an dem darf der Hund einen vorwärts ziehen! Wir betreiben das nicht annähernd anspruchsvoll, doch es ist wirklich eine tolle Möglichkeit, um sich und den Hund auszupowern.

Wenn man oft am Meer unterwegs ist, bietet sich abgesehen von SUP und Surfen natürlich ein weiterer Zeitvertreib an: das Schnorcheln! Obwohl wir uns vor unserem Einzug in den Van überhaupt nicht dafür interessierten, ist es jetzt eines unserer liebsten Hobbys geworden. Die Welt unter Wasser ist so faszinierend, dass wir jede Möglichkeit nutzen, die sich uns bietet. Dabei entdecken wir Seesterne, Oktopoden, Muränen, überdimensionierte Diademseeigel, beeindruckende Schwärme aus Hunderten Fischen und viele unbekannte Wasserkreaturen, die uns staunend zurücklassen.

Mittlerweile habe ich außerdem angefangen, zu sticken und zu häkeln – das ist wunderbar entspannend und an Regentagen eine super Beschäftigung. Und David ist ein richtiger Do-it-yourself-Bastler geworden.

Unserem Empfinden nach räumt das Vanlife so viel Zeit für entschleunigende Hobbys frei, weil es unterwegs viel weniger Ablenkungen gibt als zu Hause. Steht man wie wir oft am Meer, mitten im Nirgendwo, gibt es keine Stadt mit Kino und Shoppingplaza und selbst der Van an sich beschränkt uns in unserer Hektik. Auf so engem Raum haben wir nicht unzählige Möglichkeiten, uns zu beschäftigen.

Während wir zu Hause Stunden vor dem Fernseher vertrödeln würden, sind wir unterwegs ganz selbstverständlich achtsamer und versuchen aus jedem Moment und jedem Ort das Beste herauszuholen. »Make the most of now« hieß früher ein Werbeslogan, der den Nagel auf den Kopf trifft. Die Welt ist schließlich zu schön, um sie nicht zu erleben.

Südspanien: Im Kanu auf privater Delfinsafari

FOTIS

Ich blicke meine Menschen mit weit aufgerissenen Augen und aus dem geöffneten Maul hängender Zunge an. Die Vorfreude auf eine lange Gassirunde am Strand, auf der es erfahrungsgemäß aufregende Gerüche zu erschnüffeln und manchmal sogar etwas zu fressen gibt, lässt mich ungeduldig werden. Aber meine Menschen sind gerade viel zu abgelenkt, um mich zu beachten oder gar weiterzugehen.

»Looos jetzt!« Ich ziehe demonstrativ an der Leine. Auch Fina will weiter.

Ich versuche, zu erkennen, was sie da draußen auf dem Meer gesehen haben – denn potenziell könnte das natürlich für mich ebenfalls interessant sein.

Nicht, dass ich je etwas Essbares aus dem Meer gezogen hätte, aber auf unseren Roadtrips habe ich gelernt, dass es für alles ein erstes Mal gibt. Eine Krabbe auf einem zehn Meter hohen Felsen zu finden zum Beispiel. Oder dass es Wiesen gibt, auf denen Hunderte von Schafen ihr duftendes Geschäft hinterlassen! Ein

All-you-can-eat-Buffet für einen unverstandenen Feinschmecker wie mich, dessen Menschen aber leider ignorant sind und mich mit aller Macht von diesen Michelin-Stern-Festmahlen fernhalten wollen.

Ich konzentriere mich und fokussiere die Stelle auf dem Meer, die meine Menschen verzückt anstarren.

Ja, irgendetwas ist da. Eine Bewegung.

Nein, gleich mehrere!

Ich kann fast einen Kilometer weit sehen, aber die Wellen und das Ton-in-Ton des Mittelmeers und der springenden Objekte erschweren es mir, zu erkennen, was da auf dem Wasser los ist.

Ich komme zu dem Schluss, dass ich die Begeisterung meines Menschen nicht teilen kann.

Jedenfalls noch nicht.

≈

Es gibt Abenteuer, die kann man nur auf dem Wasser erleben. Das hautnahe Beobachten von Delfinen beim Spielen oder der morgendlichen Jagd nach Fischen gehört definitiv dazu!

Als wir im Frühjahr in Südspanien an der Küste halt machten, staunten wir nicht schlecht, als wir kurz nach Sonnenaufgang einen ganzen Schwarm Große Tümmler beobachten konnten, die aus den Wellen sprangen. Delfine hatten wir hier nicht vermutet – und erst recht nicht so nah! Wir hatten auf unseren Reisen schon öfters welche gesehen, allerdings nur aus der Ferne, wie sie am Horizont an den Buchten vorbeizogen, vor denen wir parkten. Zum Beispiel in Galizien und an der Costa del Sol. Aber so nah? Das war schon vom Strand aus ein echtes Erlebnis!

Später überlegten wir, was wäre, wenn wir näher an sie herankämen. Bei einer privaten Delfinsafari? Ein gebuchter Ausflug kam für uns bisher nicht infrage, obwohl wir in Setúbal in Portugal und in Tarifa in Spanien die Möglichkeit dazu gehabt hätten. Aber mit zwei Hunden? Auf manchen Booten sind Vierbeiner zwar erlaubt, doch für uns stellten sich Fragen wie: Werden sie gestresst sein? Was passiert, wenn sie losbellen, sobald Delfine in Sichtweite sind? Verbringen wir am Ende die ganze Zeit unter Deck, weil unser reaktiver Fotis sich nicht beruhigen kann? Und: Was, wenn der Wellengang weiter draußen so hoch ist, dass wir wegen Seekrankheit eher Kloschüsseln als Delfine aus der Nähe sehen? Das waren ganz schön viele Bedenken, die uns bisher davon abhielten, eine Tour zu buchen.

Nun hatten wir jedoch das Glück, ein paar Tage nach unserer ersten Delfinsichtung auf unserem eigenen, bescheidenen Ausflugsdampfer anzuheuern: dem aufblasbaren Kanu, das wir seit einem knappen Jahr im Kofferraum herumfuhren, es aber bis dato praktisch kaum im Meer benutzt hatten.

Und so wurden eines Morgens die Hundegeschirre gegen bunte Schwimmwesten getauscht, die unsere beiden sich mittlerweile gerne anziehen ließen. Bei der Anschaffung lohnt es sich durchaus, verschiedene Modelle zu vergleichen und nicht direkt das zu nehmen, das am günstigsten ist oder am witzigsten aussieht. Wir hatten für Fotis anfangs eine Schwimmweste in Orange, mit einer Haiflosse oben drauf. Die war preiswert und originell, aber war in Sitz und Sicherheit kein Vergleich zu der um ein Vielfaches teureren Alternative eines Markenherstellers, auf die wir später umgestiegen sind.

Vor allem für Ausflüge aufs Meer würde ich immer zu einer hochwertigen Weste greifen, denn die Wellen und Strömungen, die im heimischen See nicht so extrem vorkommen, erfordern das Maximum an Sicherheit.

Aber zurück nach Spanien: Westen an, und dann ging es ans Einsteigen. Fotis, der furchtloser ist als jeder DB-Vielfahrer, hatte sich bereits als Welpe ans SUP gewöhnt und hatte daher überhaupt keine Probleme mit dem neuen Abenteuergefährt.

Bei unserer zähneklappernden Fina dagegen bedeutete es eine sehr langsame Gewöhnung mit ermunterndem Zureden und einer Menge Leckerlis. Die erste richtige Fahrt für einen Hund sollte – sowohl im Kanu als auch auf dem SUP – möglichst bei minimalem Wellengang erfolgen, damit der Vierbeiner sich nicht gleich mit Todesangst konfrontiert sieht. Bereits das Einsteigen ist für den Hund – und auch für uns Menschen – wesentlich entspannter, wenn das Meer unaufgeregt ist.

Fotis sprang voraus ins Kanu und Fina kletterte vorsichtig hinter ihm her. Wir ruderten einige Hundert Meter aufs Meer hinaus und dann hieß es warten. Fotis beschäftigte sich mit den kleinen Wellen, die an uns vorbeizogen, und Fina fragte sich vermutlich, was sie hier im Meer treibend zu suchen hatte. Wir warteten eine volle Stunde, ehe sich etwas am Horizont tat. Erst sahen wir nur einen einzelnen Delfin, doch dann sprangen weitere Tiere aus dem Wasser. Mit flüssigen, grazilen Bewegungen schwammen sie genau in unsere Richtung. Im ersten Moment bekamen wir zugegebenermaßen Angst, ob sie eine Gefahr in uns sahen und unser Kanu zum Kentern bringen würden? Allerdings war das natürlich ein Tick zu viel Horrorfilmvorstellung. Die Delfine kamen zwar enorm nah, doch sie wirkten eher von Neugier erfüllt als angriffslustig und passierten uns friedlich. Ein Grüppchen nach dem anderen, mit einigen kleinen Babydelfinen im Schlepptau. Da saßen wir nun: zwei Menschen und zwei Hunde, die gebannt auf die Delfine direkt vor ihrem Kanu starrten.

Fotis

Ich erkenne an der Kleidung meiner Menschen, dass unser morgendlicher Spaziergang am Strand heute ausfällt. Sie sehen aus, als wollten sie schwimmen. Einer von ihnen schleppt das Kanu zum Wasser, der andere zieht mir und Fina unsere Schwimmwesten an und ich gleite bereitwillig hinein. Sie ist bunt und sitzt gut, »war teuer«, sagen die Menschen, und dass es »wichtig« sei, dass ich sie trage. Für mich ist die Weste vollkommen okay, denn sie ist einfach ein großes Geschirr und immer, wenn ich sie anziehe, bedeutet das ein Abenteuer auf dem Wasser. SUP zum Beispiel, wo ich mich jedes Mal über den Rand lehne und versuche, nach kleinen Fischen zu schnappen. Oder wie heute: Kanufahren!

Das Einsteigen ist für mich als Adrenalinjunkie kein Problem. Fina dagegen ist ein Angsthase und tut sich auch nach mehrmaligem Üben etwas schwerer, aber sie ist ein Lemming und macht im Grunde alles, was ich mache. Also drehe ich mich zu ihr um.

»Los! Alle warten nur auf dich!«

Sie guckt zögerlich hinter sich auf den breiten Sandstrand, dann entschließt sie sich aber doch, unseren Menschen zu vertrauen, und hopst ebenfalls hinein. Die

Menschen halten uns an unseren Westen fest, als wir vom Strand ablegen und es kurz ruckelig wird, und dann entfernen wir uns rasend schnell immer weiter vom Ufer.

Ich kann kaum fassen, was hier passiert.

Wir fahren *auf* dem Meer! Ich bin noch nie so weit draußen auf dem Meer gewesen! Mit dem SUP ging es meist nur auf einen See, oder wir sind am Meer in direkter Ufernähe geblieben. Aber jetzt gleiten wir richtig weit raus! Krabben schwimmen an uns vorbei, genauso wie »fliegende« Fische, mit richtigen Flügeln, die aussehen wie aus einem dieser Fantasyfilme, auf die Menschen so stehen.

Alles ist aufregend und ich schaue gebannt aufs Meer, voller Vorfreude, was als Nächstes passieren wird. Denn es steht außer Frage, *dass* etwas passieren wird. Ich wittere die Anspannung im Schweiß meiner Menschen und beobachte sie genau, wie sie angestrengt in die Ferne starren. Sie suchen etwas.

»Da!« Sie kreischen förmlich, sodass Fina erschrocken zusammenzuckt. Zunächst weiß ich nicht, was da Tolles vor uns los sein soll, schließlich sind wir mitten auf dem Meer – doch dann sehe ich sie. Überdimensionierte, hüpfende Fische!

»Delfine!«, rufen meine Menschen aufgeregt und freuen sich wie ich, wenn ich ein heruntergefallenes Stück Käse finde und es fressen kann, bevor jemand etwas davon mitbekommt.

Sicherheitshalber lasse ich die für meine Begriffe riesengroßen Tiere nicht aus den Augen. Sie springen aus dem Wasser, immer wieder, und das sieht nach richtig viel Spaß aus. Sie kommen auf uns zu, aber ich bleibe cool, auch, damit Fina nicht vor Angst ins Kanu pinkelt.

»Kein Problem, ich pass auf uns auf!«, murmele ich und nicke ihr aufmunternd zu.

Doch das brauche ich offensichtlich gar nicht, denn je näher die Tiere kommen, desto freundlicher grinsen sie. Und ehrlich gesagt, hätte ich das sowieso nur ungern gemacht, denn wow, das ist ein riesiges Rudel und sie sind zehn Mal so groß wie ich.

»Hola«, rufen sie alle nacheinander, wie ein Kanon. Ihre Stimmen sind nicht tief und dunkel, wie ich sie anhand ihrer Körpergröße erwartet hätte, sondern hell und quietschig, wie die eines Chihuahuas.

»Hola«, antworte ich, schließlich bin ich nach all meinen Begegnungen in Spanien schon Profi in ihrer Landessprache.

Na ja, zumindest was »Hallo« und »Tschüss« betrifft.

»Red lieber nicht mit ihnen«, flüstert Fina. Sie hat sich eng an unsere Menschen gedrückt und beobachtet die Delfine mit weit aufgerissenen Augen. »Was, wenn sie uns fressen wollen?«

Ich werfe ihr einen spöttischen Seitenblick zu. »Wenn sie uns fressen wollen, dann tun sie das so oder so, egal ob ich mit ihnen rede oder nicht.«

Finas Augen werden noch ein bisschen größer und ich beeile mich, etwas Beruhigendes zu sagen. »Wenn sie unsere Menschen gefressen haben, sind sie pappsatt, dann verschonen sie uns.«

Ich grinse, weil ich es extrem genieße, meine Adoptivschwester ab und an ein wenig zu ärgern. Sie ist aber auch wirklich extrem feige.

»Ich glaube nicht, dass Delfine Menschen fressen«, überlegt sie laut. »Schau doch nur, wie sich unsere Menschen freuen.«

»Ach, Fina«, entgegne ich nachsichtig und wende mich wieder den langnasigen, riesigen Fischen neben unserem Kanu zu.

»Hey, sagt mal, was fresst ihr denn so?«

Falls sie jetzt »Hunde« sagen, sollte ich besser lernen, meinen Mund zu halten.

»Na, Fische! Wir sind Große Tümmler«, antwortet ein kleinerer Delfin direkt neben uns stolz. »Willst du auch einen?«, fragt er großzügig. »Wir jagen gerade.«

»Fisch? Ich liebe Fisch!«, rufe ich aus. »Und ihr fangt den selbst? Ist der nicht ... zu schnell?«

Ich kenne Fisch nur aus dem Gefrierfach, oder aus dem Netz, das mein Mensch manchmal mitbringt, wenn er angeln war. Ich habe schon oft versucht, einen der winzigen Fischlein zu schnappen, die im seichten Meer an der Oberfläche schwimmen, doch in ihrem Lebensraum fühle ich mich wie ein Faultier, das sich in Zeitlupe bewegt.

»Guter Joke!« Der kleine Delfin lacht. »Meine Eltern schaffen mehr als vierzig Kilometer pro Stunde. Die kriegen jeden Fisch! Oder, Mama?«

»Natürlich, Titus«, antwortet der fast vier Mal so große Delfin direkt neben ihm.

Vierzig Kilometer pro Stunde? Ich überlege. Manchmal sagen meine Menschen, dass wir fünf Kilometer in einer Stunde gelaufen sind. Diese Delfine würden also in der gleichen Zeit das Achtfache schaffen? Puh. Das klingt in der Tat ziemlich schnell.

Fina spitzt beeindruckt die Ohren und wagt sich ein Stück näher an den Rand des Kanus. Sie beobachtet jede Bewegung der Gruppe, die sich ein paar Meter entfernt hat und in wilden Kreisen im Wasser hin und her taucht.

»Was machen die da?«

»Ich sagte doch, dass wir jagen«, erklärt Titus. »Stark, oder?«

»Indem ihr hin und her schwimmt?«, frage ich verwundert. Ist das das Geheimnis? Reicht es, einfach nur hinter den Fischen hinterherzulaufen? Ergeben sie sich, wenn sie müde werden?

»Ja!« Titus dreht lachend einen Kreis um sich selbst, ehe er seinen Kopf wieder aus dem Wasser streckt. »Meine Onkel und Cousins treiben die Sardinen zu einem Schwarm zusammen. Sie umkreisen sie und dadurch werden sie an die Wasseroberfläche getrieben. Sie haben quasi keine Chance. Seht nur!« Er schaut zur Seite, wo gerade ein mittelgroßer Delfin aus dem Wasser springt. »Während mein Cousin sich eine Sardine schnappt, passen die anderen auf, dass niemand entkommt. Wenn er satt ist, tauschen sie die Positionen. Und immer so weiter.«

»Das klingt total cool«, sage ich beeindruckt. Wie viele Freunde bräuchte ich wohl, um das auch mal zu versuchen? Also, ich könnte Dante, Bailey und Morris fragen – und bestimmt auch Fina. Reicht das schon?

Titus fühlt sich sichtlich geschmeichelt und taucht im Wasser unter, um auf der anderen Seite unseres Kanus wieder nach oben zu schießen.

Ich bin komplett begeistert von seinen lautlosen, fast tänzerischen Bewegungen. Ich wünschte, ich könnte so mühelos jagen!

»Woher kommt ihr?«, fragt Titus.

»Vom Auto dort drüben«, antworte ich und deute mit meiner Schnauze auf unseren weißen Van, den man von hier gerade so erkennt.

»Du, ich seh leider nicht so gut«, sagt er verlegen. »Ich sehe nämlich mit den Ohren.«

»Was?« Ich bin irritiert. Mit den Ohren sehen? Wie soll das denn gehen?

»Na, ich benutze Schall, um mir mithilfe meiner Echoortung ein Bild von der Umgebung zu machen. So kann ich Dinge räumlich erkennen, obwohl ich sie nicht wirklich mit meinen Augen sehe.«

»Abgefahren«, hauche ich. Das klingt ja fast nach einer Superkraft!

»Aber eigentlich meinte ich auch, von wo ihr herkommt, mit eurem Auto. Ihr seid doch bestimmt von irgendwo hierher hergefahren, oder?«

»Er meint, aus welchem Land wir kommen«, hilft Fina mir.

»Oh«, murmele ich peinlich berührt. Natürlich meint er das. »Wir kommen aus Deutschland.«

»Deutschland?« Titus scheint überrascht zu sein. »Meine Familie war noch nie in Deutschland. Wie ist es da?«

»Kalt«, antwortet Fina und verzieht angewidert ihr Gesicht. »Und nass.«

»Das klingt doch megagut!«, freut sich Titus. »Ich liebe es nass! Und ich hab eine dicke Fettschicht, mir wird nicht so schnell kalt.«

»Oh, da wäre ich mir nicht so sicher«, unkt Fina.

Sie muss es ja wissen. Sie hatte schließlich auch eine dicke Fettschicht, als sie bei uns eingezogen ist.

»Mama, wenn wir mal in Deutschland sind, besuchen wir dann meine neuen Freunde?«

»Wenn wir mal in Deutschland sind, dann machen wir das auf jeden Fall«, antwortet der große Delfin vor ihm diplomatisch.

Ich fände es natürlich gigantisch, wenn ich meinen Kumpels richtige Delfine vorstellen könnte, aber irgendwie bezweifle ich, dass die Familie tatsächlich einen Ausflug dorthin plant. Das Meer bei uns ist wirklich ziemlich kalt – selbst im Sommer gehe ich da nur widerwillig baden. Es muss ja einen Grund haben, weshalb ich dort noch nie einen Delfin gesehen habe.

»Reist ihr viel herum?«, will ich wissen.

»Eigentlich nicht«, gibt Titus zu. »Wir schwimmen jeden Tag ein paar Stunden die Küste entlang. Morgens jagen wir, aber nachmittags darf ich meistens mit meinen Cousins Abenteuer erleben. Wir kommen dann entweder ganz nah an den Strand und beobachten die Menschen, oder schwimmen in die andere Richtung und erkunden das Meer.«

»Was gibt es hier denn zu erkunden?« Ich schaue auf das undurchsichtige Wasser, das wie eine schwarzblaue Mauer zwischen unseren beiden Welten wirkt. Schwer vorstellbar, dass es dort unten Abenteuer geben soll.

»Oh, eine Menge!« Er schnattert aufgeregt und spuckt dabei einige Tropfen Meerwasser aus. »Das Meer birgt so viele Geheimnisse! Ich tauche und denke, dass heute aber ein ziemlich langweiliger Tag ist, und im nächsten Moment entdecke ich einen Piratenschatz!«

»Wie bei *Fluch der Karibik*?«, frage ich, ehe mir klar wird, dass Titus vermutlich niemals einen Film gesehen hat. Im Gegensatz zu mir – nachdem ich als Welpe einen kurzen Schreckmoment bei *Buffy – Im Bann der Dämonen* hatte, habe ich mich schnell an die lärmende Flimmerkiste und die fesselnden Geschichten, die sie erzählt, gewöhnt.

»In der Karibik war ich noch nie«, entgegnet Titus verdutzt.

Ich nicke verständnisvoll und besinne mich wieder auf die wichtigste Frage. »Hast du wirklich einen Schatz gefunden?«

»Ja, na klar«, sagt er stolz und grinst.

»Erzähl uns davon!«, bitte ich. »Wie hast du das gemacht?«

»Na ja«, setzt Titus an. »Ich war mit meinem Cousin unterwegs, weit draußen, dort wo die Wale schwimmen.«

»Wale«, haucht Fina und ich sehe den Schauer, der ihr über den Rücken läuft.

»Das sind sehr große Tiere im Meer«, erklärt Titus. »Ich würde sagen, hundert Mal so groß wie euer Kanu. Also ... riesig!«

»O je«, murmelt Fina.

Sicher bekommt sie ab sofort Albträume von Walen, die uns und den Van nachts verschlingen, wenn wir zu nah am Meer stehen.

»Also, da war ein metallischer Schimmer, der mich tiefer in die Dunkelheit zog. Mit meiner Echoortung konnte ich trotzdem genau sehen, was sich vor mir befand: Eine alte, verrostete Truhe! Sie lag auf dem sandigen Meeresboden, umringt von zerbrochenen Amphoren und anderen Artefakten.«

»Amphoren und Artefakte«, wiederhole ich beeindruckt, ohne zu wissen, was das ist. Aber es klingt ziemlich cool und alleine die Tatsache, dass ich noch nie von diesen Dingen gehört habe, macht sie unheimlich spannend.

»Wir fragten uns natürlich, was in dieser Truhe sein mochte. Also stießen wir sie abwechselnd mit unseren

Schnauzen an, so lange, bis wir den Deckel anheben konnten.«

»Und was war drin?«, frage ich und spüre, wie mir ein wenig Sabber aus dem Maulwinkel tropft. Das ist so aufregend!

»Alles, was du dir nur vorstellen kannst! Glänzende Münzen, funkelnde Edelsteine und seltsam geformte Schmuckstücke. Wir wussten sofort, dass wir einen Piratenschatz gefunden hatten! Unsere Onkel hatten uns oft Geschichten über die Piraten erzählt, die früher auf den Weltmeeren Angst und Schrecken verbreitet hatten. Ich stellte mir vor, wie sehr sich einer von ihnen geärgert haben musste, nachdem er die Schatztruhe tief im Meer versenkt hatte, um sie vor seinen Feinden zu schützen, und sie danach nicht mehr wiederfinden konnte.«

»Und dann habt ihr sie entdeckt!«

»Ja, genau!«

»Weißt du noch, wo der Schatz liegt?«, will ich aufgeregt wissen.

Titus grinst. »Ja, natürlich! Meinst du etwa, diesen Ort würde ich jemals vergessen?«

»Kannst du uns hinbringen?«

Ich tippele am Rand des Kanus entlang und bin ganz aufgekratzt. Ein echter Schatz! Ich wäre bestimmt der erste Hund, der einen Piratenschatz aus dem Wasser zieht!

»Könnt ihr denn tauchen?«

Ich lasse meine Mundwinkel hängen. »Nein.«

Titus schließt kurz seine Augen, als würde er nachdenken. »Ihr könntet im Kanu bleiben und ich lotse euch zu der Stelle. Und dann hole ich ein paar Stücke des Schatzes hoch, damit ihr sie euch ansehen könnt.«

»Wow«, entgegne ich. »Das wäre so cool!«

»Dafür muss es aber ruhiger sein als heute«, sagt er gedankenversunken.

»Noch ruhiger?« Ich sehe ihn ungläubig an. Es ist mucksmäuschenstill um uns herum. Hin und wieder plätschert es, weil ein Fisch an die Oberfläche springt, und in der Entfernung höre ich Schiffsmotoren, die zu Fischerbooten gehören, die meilenweit entfernt zu sein scheinen. Aber in meiner Welt ist das absolut nicht der Rede wert. »Es ist doch schon so still hier.«

»Findest du?«, fragt Titus überrascht. »Meine Familie sagt, dass es früher im Meer viel leiser war. Oder, Mama?«

»Ganz richtig, Titus«, antwortet seine Mutter, die kurz ihren Kopf herausgestreckt hat und direkt wieder untertaucht.

»Wirklich?«, frage ich ungläubig.

»Ja. Es gibt ständig mehr und vor allem immer größere Schiffe, die dröhnen. Manche schwimmen sogar tief unter der Wasseroberfläche, wie Wale! Die Menschen bringen monströse Maschinen auf den Meeresboden, um Erdöl zu suchen oder Fundamente für gewaltige Windräder zu bauen. Für uns ist das blöd, denn wegen des Krachs müssen wir uns manchmal sogar richtig anschreien und können uns schlechter orientieren. Die Schiffe dort hinten zum Beispiel«, sagt er und deutet mit seiner Nase in die Richtung der Fischerboote, »machen einen Heidenlärm. Ich glaube nicht, dass ich den Schatz so wiederfinden könnte.«

»Menschen denken also echt, ihnen gehört jetzt auch das Meer?« Fina schnaubt.

»Titus, sag deinen Freunden Adios, wir wollen weiter!«

»Jetzt schon?« Titus wirft seiner Mutter einen flehenden Blick zu, doch die bleibt hart und deutet mit ihrer Schnauze nach vorne, zu den anderen. »Das Frühstück fängt sich nicht von selbst, das weißt du. Du kannst deine Freunde morgen wiedertreffen.«

»Seid ihr denn morgen wieder hier?«

Ich betrachte meine Menschen, die vollkommen verzückt davon sind, wie nah die Delfingruppe bei uns ist. Sie halten ihr Handy und ihre Kamera in ihre Richtung und scheinen kaum fassen zu können, was sie gerade erleben.

»Ich denke schon«, antworte ich grinsend. Ich kenne sie. Wenn sie einmal etwas gefunden haben, das ihnen Spaß macht, dann machen sie das wieder.

Und wieder und wieder.

Unglaublich langweilig, aber bitte. Dieses Mal wird es mir zu Gute kommen und Titus kann uns morgen den Schatz zeigen – sofern die blöden Boote nicht da sind, die seinen Ohrenradar beeinträchtigen.

»Okay, Leute! ¡Hasta mañana!«

Zum Abschied schlägt er mit seiner Schwanzflosse kräftig auf die Wasseroberfläche, sodass ein paar Salzwasserspritzer auf unserem Kanu landen.

»Bis morgen!«, rufen Fina und ich im Chor und sehen Titus nach, der mit seiner Mutter am Horizont verschwindet. Auch die anderen Delfine schwimmen an uns vorbei, um zum Rest der Gruppe aufzuschließen. Nur einer erlaubt sich einen Spaß und taucht direkt unter uns durch, so wie Titus eben. Nur dass der hier viel größer ist. Ich kann mich gar nicht so schnell umdrehen, wie er erst vor uns eintaucht, um eine Zehntelsekunde später hinter uns aus dem Meer zu schießen.

Ich bin ziemlich überwältigt von dieser Begegnung.

»Fina, du hast doch vier Jahre in Griechenland gelebt. Hast du so was schon mal gesehen?«, frage ich sie staunend.

»Zum Glück nicht«, antwortet sie und ich seufze. Sie hat sogar Angst vor einem Schuh, der im Weg steht, wie konnte ich nur eine Sekunde denken, dass sie sich je freiwillig größeren Tieren genähert hätte?

»Dann haben wir wohl gerade was sehr Grandioses erlebt«, schlussfolgere ich und schaue den Delfinen nach, die vor der aufgehenden Sonne aus dem Wasser springen.

∽

So ein Abenteuer erlebt man nicht oft im Leben. Umso trauriger ist es, dass Delfine durch uns Menschen immer größeren Bedrohungen ausgesetzt sind.

Von der akustischen Meeresverschmutzung haben wir gerade schon erfahren, doch weitaus schlimmer ist die industrielle Fischerei, die ganze Lebensräume zerstört. Einige ausgeworfene Netze bilden kilometerlange Barrieren, deren feine Netzfasern vom Sonar der Delfine nicht erfasst werden können. Sie verfangen sich und sterben genau wie Wale und Schweinswale als »Beifang«. Etwas dagegen tun kann man zum Beispiel, indem man seinen Fischkonsum einschränkt. Obwohl ich wirklich kein großer Fan von Davids Angelhobby bin, ist es eindeutig die beste Option, wenn wir nicht auf Fisch verzichten möchten. So können wir sichergehen, dass für unser Abendessen nicht noch andere Tiere leiden oder gar sterben mussten. Am Anfang des Kapitels hatten wir bereits davon erzählt, dass wir uns stets gegen einen

Bootsausflug zu Walen oder Delfinen entschieden hatten. Auch weil es manchmal schwer ist, zu erkennen, welches Unternehmen zum Wohle der Tiere und nicht nur zum Wohle ihres Umsatzes agiert. Ganz schlimm ist die Lage in Ägypten: Dort erfreut sich »Schwimmen mit Delfinen« großer Beliebtheit.

Was für Touristen ein Highlight ist, bedroht das Überleben der Tiere, die durch den Massentourismus aus ihrem Lebensraum vertrieben werden. Laut unseren Recherchen gibt es derzeit nur eine Organisation, die von der *Gesellschaft zur Rettung der Delfine* ausdrücklich empfohlen wird: *Wildquest*, die auf den Bahamas nachhaltige Delfinexkursionen anbieten. Dort werden Touristen vor den Katamaranausflügen aufs offene Meer über Delfine und den Umgang mit ihnen aufgeklärt und das Tierwohl steht im Vordergrund. Dieses Wissen hat mir persönlich noch mal deutlicher gemacht, dass ich eine solche Tour entweder richtig (also bei einem nachhaltigen Anbieter) oder gar nicht machen möchte.

Aber eigentlich brauche ich das auch gar nicht mehr, denn schließlich hatten wir großes Glück und konnten mehrere Male mit dem Kanu hinausfahren und die Delfine aus der Nähe erleben. An anderen Tagen, wenn das Meer zu stürmisch war, beobachteten wir sie am Strand oder aus dem Van heraus und David schnappte sich hin und wieder die Drohne, um aus der Luft überwältigende Aufnahmen der Tiere zu machen.

Das ist der Zauber des Reisens mit einem Van oder Wohnmobil: Wir entdecken außergewöhnliche Orte, die wir früher nicht mal zu träumen gewagt hätten, und erleben Abenteuer, die so surreal sind, dass wir uns manchmal selbst kneifen müssen. Südspanien hat uns verzaubert und uns traumhaft schöne Erinnerungen geschenkt, die uns immer begleiten werden.

Mir sind sie sogar unter die Haut gegangen: Ich habe mir ein Tattoo mit einer Delfinflosse in den Wellen stechen lassen.

Elafonisos: Griechische Karibik und eine gerettete Schildkröte

Es gibt immer einen nächsten Winter – und wer bis hierhin gelesen hat, weiß, dass wir diese Jahreszeit am liebsten nicht mehr im kalten Deutschland verbringen wollen.

Da wir in Spanien so unvergessliche Erinnerungen gesammelt hatten, wollten wir auch im nächsten Winter wieder dorthin reisen. In diesem Land kennen wir uns aus und wissen genau, wo wir wann stehen können, wo es Wasserstationen gibt, wohin wir unser aus Deutschland kommendes Hundefutter liefern lassen können und welches Wetter zu erwarten ist.

In den Sommerwochen, in denen wir zu Hause gewesen waren, hatten wir alles am Wagen optimiert, was wir uns vorgenommen hatten. Als wir schließlich unseren Van einräumten, geschah das in der Annahme, dass es uns zunächst für einen kurzen Stopp an die Algarve und direkt im Anschluss nach Andalusien verschlagen würde. Sechzehn Stunden vor unserer Abfahrt taten wir jedoch etwas für uns völlig Untypisches: Wir planten spontan um.

Griechenland stand schon länger auf unserer Liste, doch weil wir Gewohnheitstiere sind, haben wir nie den Weg in die entgegengesetzte Richtung unserer altbekannten Wohlfühlziele eingeschlagen. Dieses Mal jedoch fühlte es sich richtig an und wir wollten die im Winter überfüllten Stellplätze in Spanien gegen etwas mehr Einsamkeit eintauschen – sofern die »Gerüchte« stimmten, dass in Griechenland weniger Vanreisende unterwegs waren.

Wir entschieden uns dafür, durch die EU-Länder zu fahren und damit die eindrucksvollen Länder Slowenien und Kroatien auszulassen. Die konnten wir später nachholen, jetzt wollten wir so schnell wie möglich in unserem Zielland ankommen. Wir durchfuhren Tschechien, die Slowakei, Ungarn und Rumänien in Rekordzeit. Der erste Übernachtungsstopp in der Slowakei verlief planmäßig und relativ gemütlich, doch vor dem nächsten Stopp in Rumänien beschloss David, dass er lieber weiterfahren wollte. Und so fanden wir uns bereits am zweiten Tag um einundzwanzig Uhr an der Grenze zu Bulgarien wieder. Von dort ging es in der Dunkelheit stundenlang über schmale Bergstraßen, auf denen ungeduldige Bulgaren hinter uns mit Lichthupen drängelten. Gegen zwei Uhr in der Nacht reichte es uns und wir schliefen mitten in Sofia auf einem Baumarkt-Parkplatz; keine Variante, die ich empfehlen würde. Aber, wer kennt es nicht: Man möchte eben möglichst schnell ankommen.

Und das taten wir dann auch. Vormittags erreichten wir Thessaloniki, nachdem wir an der griechischen Grenze von einem äußerst freundlichen Grenzbeamten (sogar auf Deutsch!) begrüßt wurden. Kalimera, Griechenland!

In den ersten zwei Wochen fuhren wir die Ostküste hinunter, von Thessaloniki nach Athen und dann hinab nach Punda, von wo wir zur kleinen Insel Elafonisos übersetzen wollten. Wie so oft beim Vanlife ist der Weg das Ziel, und auf eben diesem fanden wir reichlich einsam gelegene, idyllische Freistehplätze. Wir gingen jeden Tag schnorcheln und schwimmen und genossen den Spätsommer in Griechenland in vollen Zügen. Es fiel uns immer schwerer, einem der traumhaften Plätze »αντίο« zu sagen und weiterzufahren. Konnte es denn überhaupt noch schöner werden?

Den Oktober läuteten wir an unserem ersten fest eingeplanten Ziel ein: Elafonisos, die Insel mit dem weißen Sandstrand, dem klaren Wasser und den Meeresschildkröten. So nah, dass man sie in zehn Minuten vom Festland mit der Fähre erreicht, und so klein, dass man sie in einer Viertelstunde mit dem Wagen umrundet hat. Und so vielfältig, dass für alle etwas dabei ist.

Wir rotierten immer wieder zwischen einer Schnorchelbucht, einem karibischen Strand und einem Stellplatz an der Küste, auf dem man mit dem Van direkt am Meer stehen konnte.

Weil Elafonisos so winzig ist, fiel jedes Wohnmobil, das neu auf die Insel kam, sofort auf. Viele Stellplätze gab es nicht, abgesehen vom einzigen Campingplatz, und wir hatten Glück, dass die Saison nahezu beendet war und sich der Andrang deshalb in Grenzen hielt. Einige Geschäfte hatten schon geschlossen, die anderen bereiteten sich auf die baldige Schließung vor. Glücklicherweise hatten wir vorab den Tipp bekommen, uns auf dem Festland mit Vorräten einzudecken.

Wir waren gerade erst ein paar Minuten auf der Insel umhergelaufen, da lernten wir einen neuen Freund kennen. Der Gute war nicht sonderlich gesprächig, dafür aber voller Neugier; die Rede ist von einer Meeresschildkröte, die gemeinsam mit zwei Weibchen am Hafen lebte.

Der kleine – oder besser gesagt: große – Kerl war der Hauptgrund, weshalb wir nach Elafonisos wollten. Nachdem wir in Spanien Delfine und sogar einen Wal gesehen hatten, war die Meeresschildkröte nämlich das nächste Highlight auf unserer imaginären Tierrangliste.

Was das angeht, sind wir vermutlich richtige Kulturbanausen. Wir ziehen das Beobachten von Tieren dem Besichtigen von überlaufenen Sehenswürdigkeiten vor und landen daher eher an einsamen Orten, als in trubeligen Städten. So natürlich auch in Griechenland. Wir bretterten durch Athen, (vorerst) ohne uns die Akropolis anzusehen, und freuten uns stattdessen unendlich über die Chelonia mydas, die grüne Meeresschildkröte, die uns auf Elafonisos begrüßte. Sie ist die zweitgrößte Schildkrötenart und vom Aussterben bedroht, daher gilt für die Tiere ein besonderer Schutz. Und den nehmen die Einwohner Griechenlands ernst. Als wir an der Küste entlang reisten, fanden wir von Athen bis zur Peloponnes Schildkrötennester, die abgesteckt und mit einem Warnhinweis versehen waren. Nicht anfassen, nicht zerstören! Und so wie es aussah, hielten sich die Menschen zum Glück auch daran.

FOTIS

Ich rieche, dass wir in einem fremden Land angekommen sind. Das hier ist definitiv nicht Spanien oder Frankreich. »Was glaubst du, wo wir sind?«, frage ich Fina. Wir sind ziemlich lange gefahren, um das Meer wiederzusehen. »Meinst du, wir sind in Afrika?«

»Nein«, murmelt sie und drückt ihren Kopf auf das Kissen.

»Was macht dich so sicher? Es ist ganz schön warm hier. Wir sind bestimmt in Afrika!«

»Wir sind in Griechenland, du Schlauberger«, erwidert sie genervt.

»Griechenland?«, frage ich überrascht. »Ich komme doch aus Griechenland!«

»Du kommst aus Zypern. Ich komme aus Griechenland.«

»Glaubst du, wir sind hier, um unsere alten Freunde und Familien zu treffen?« Ich wedele aufgeregt mit dem Schwanz, der dabei immer wieder gegen den Autositz meiner Menschin knallt.

»Vielleicht geben sie uns zurück.«

Ich pruste los, doch Fina starrt traurig auf ein kleines Büschel Fell, das vor ihrer Nase von ihrem Atem hin und her gepustet wird.

»Du spinnst ja«, lache ich. »Los, lass uns rausgehen und die Umgebung erkunden!«

»Geh du nur. Ich genieße mein weiches Bett, so lange ich noch eins habe.«

Ich verdrehe die Augen und seufze. Fina ist manchmal wirklich theatralisch. Als ob die Menschen uns weggeben würden! Sie wären doch vollkommen verloren ohne uns.

Okay, wohl eher ohne *mich*. Aber Fina würden sie auch nicht mehr missen wollen, das spüre ich.

»Sie werden uns schon nicht gleich heute aussetzen«, grinse ich und stupse sie mit der Schnauze an. »Los jetzt, zeig mir dein Heimatland.«

Fina stöhnt und setzt sich widerwillig auf. Wir springen aus der geöffneten Vantür ins Freie, wo unsere Menschen längst am Strand stehen und aufs Wasser hinaus schauen. Der Duft von gebratenem Fisch steigt mir in die Nase und meine Beine werden weich vor Vorfreude. Ich drehe mich um und sehe ein Dutzend kleiner Restaurants, in denen die verschiedensten Meeresfrüchte gebraten und gebacken werden.

»Wir sind im Paradies, Fina!«

»Mhm«, entgegnet sie und sieht sich skeptisch um. Plötzlich werden ihre dunkelbraunen Augen groß.

»Was?«, frage ich aufgeregt. »Was siehst du?«

»Ich weiß nicht«, antwortet sie und kneift ihre Lider zusammen. »Da bewegt sich etwas im Wasser.«

Ich erkenne nichts, doch bisher war es so, dass wenn Fina etwas zu erspähen glaubte – was eher selten vorkam – da auch wirklich irgendetwas war. Sie ist eine erstklassige Beobachterin. Ganz im Gegensatz zu mir, der selbst hinter einem einzelnen schwingenden Grashalm einen Hasen vermutet.

Schnell laufe ich zu der Stelle, die Fina fixiert. Hier hört der Strand auf und macht einem Teppich aus kleinen und großen Steinen Platz. Das klare Wasser schließt sie wie eine Scheibe aus Glas ein. Ich kann problemlos auf den hellen Grund sehen, der in den Zwischenräumen aufblitzt, und entdecke Seeigel, die sich an den Steinwänden festhalten, sowie dunkle Algen, die im Rhythmus der winzigen Wellen tanzen.

Aber was hat Fina nun gesehen? Ich strenge mich an und lasse meine Augen über das Meer gleiten. Nichts.

An meiner Pfote kribbelt etwas, und reflexartig schnappe ich zu. Es war nur eine Fliege, die eingeschüchtert von dannen zieht. Fina und ich schauen ihr nach, wie sie in Richtung des Vans fliegt und sich vermutlich gleich auf die frisch gebackenen Brownies stürzen wird.

»He da!«, erklingt unvermittelt eine tiefe Stimme. »Kalimera!«

Ich hebe den Kopf und blicke in zwei kluge, große Augen. Da schwimmt eine grüne Schildkröte direkt vor meiner Nase! Hinter mir höre ich Fina erschrocken keuchen. Doch ich starre unbeeindruckt in die freundlichsten Augen, die ich je gesehen habe.

»Hallo«, belle ich freudig und betrachte das riesige Tier, das locker zwei Mal so groß ist wie Fina und ich zusammen.

»Na, Kleiner, was machst du denn hier, so nah am Wasser? Willst du etwa schwimmen gehen?«

»Schwimmen? Ich?« Ich schüttele mich. »Wir haben etwas auf dem Wasser entdeckt«, erkläre ich. »Und wie sich herausstellt, warst du es!«

Neugierig mustere ich seinen gepunkteten Kopf und die riesigen, ebenfalls gemusterten Arme. »Wer bist du?«

»Ich bin Agápios.« Die Schildkröte taucht kurz unter, nur um dann noch ein Stück näher vor mir wieder aufzutauchen. Ihr Rückenpanzer blitzt unter der Wasseroberfläche auf wie eines der Armbänder meiner Menschin, das mit vielen kleinen Glitzersteinen besetzt ist.

»Ich wusste gar nicht, dass Schildkröten schwimmen können.«

Agápios schmunzelt. »Nun, ich lebe im Wasser. Ich schwimme, ich tauche …«

Ich erinnere mich an Norma, die Schildkröte, die ich vor einem Jahr in Spanien getroffen habe. Sie lebte zwischen Steinen und Sand, und solange wir dort waren, hat sie nicht ein Mal einen Fuß ins Wasser gesetzt. Vielleicht war ihr magischer Rucksack nicht wasserfest. Ich frage mich, ob Agápios Panzer eine ähnliche Zauberkraft hat.

»Ich habe eine Freundin in Spanien«, erzähle ich mit stolzgeschwellter Brust, »die auch eine Schildkröte ist. Sie hat einen gepanzerten Rucksack, der sie unsichtbar macht, wenn Gefahr droht.«

»Ach ja?« Agápios lacht kehlig. »Nun, damit kann ich leider nicht dienen. Ich verschwinde niemals in meinem Panzer. Ich vermute, deine spanische Freundin lebt nicht im Meer?«

»Da vermutest du richtig! Aber gehst du denn nie an Land?«, frage ich irritiert.

»Nein, Kleiner. Ich bin eine Meeresschildkröte! Sogar die größte meiner Art. Was soll ich an Land, wenn es unter der Wasseroberfläche so viel zu sehen gibt?«

»Wirklich?«, frage ich überrascht. »Was denn?«
Ist Agápios etwa auch ein Schatzsucher?

Wie ich so aufs klare Meer hinaus blicke, sehe ich nur Wasser. Nichts als Wasser. Und vielleicht ein paar Muscheln und hin und wieder eine kleine Krabbe an der Wasseroberfläche. Alles in allem wirkt es relativ trostlos.

»Nun, zum Beispiel die Galerie der Farben auf den Schuppen sämtlicher Fische. An jeder Ecke schillert es silber, gelb, blau oder rot und in den Sonnenstrahlen funkeln sie sogar holografisch. Sie ziehen wie ich ihre Bahnen in den lilafarbenen Algenwäldern dort drüben in der Bucht, und manchmal schießen sie unter riesigen Muscheln hervor, um mich zu ärgern.« Er lacht dröhnend und ich sehe im Augenwinkel, dass sogar Fina schmunzelt.

Ich bin begeistert. Das klingt alles andere als trostlos. »Und wie machst du das mit dem Atmen?«

»Ich habe Lungen, so wie ihr – aber vermutlich sind meine ein wenig größer.« Er lacht wieder. »Wenn ich unterwegs bin, um zu fressen, hole ich alle paar Minuten an der Oberfläche Luft. Aber wenn ich schlafe, verlangsamt sich mein Herzschlag und ich kann problemlos mehrere Stunden tauchen.«

»Wow!«, staune ich. »Das ist ja cool!«

Agápios hüstelt, als ich »cool« sage, was entweder bedeutet, dass er jünger ist und das Wort absolut out findet, oder dass er älter ist und sich über die Ausdrucksweise der »Jüngeren« amüsiert. Ich tippe auf Letzteres, weil Schildkröten wie er immer alt wirken – ein blödes Vorurteil, wie mir bewusst wird. »Wie alt bist du, Agápios?«, frage ich deshalb.

»Ich bin vierundfünfzig«, antwortet er und ich blinzele verwirrt.

»Vierundfünfzig Monate?« Ich rechne nach. Das wären ja ... viereinhalb Jahre, so alt wie ich!

»Jahre«, lacht er.

»Jahre?«, fragt Fina genauso überrascht wie ich.

»Euren Gesichtern zu urteilen müsste ich wohl schon halb tot sein.« Agápios verschluckt beim Lachen ein wenig Salzwasser und hustet. »Wir Meeresschildkröten können ziemlich alt werden. An die hundert Jahre, wenn es gut läuft.«

»Der Wahnsinn«, raune ich und beneide Agápios um die Erfahrungen, die er in dieser ganzen Zeit unter Wasser sammeln kann. »Und gibt es im Meer niemanden, der dich nervt?« Ich denke an Katzen, die mich wahnsinnig machen mit ihrem Gefauche, und an Fliegen, die mich im Sommer anfallen, als wäre ich eine einladende frische Rolle aus Pansenhack.

»Doch, natürlich gibt es auch hier Dinge, die nicht so schön sind. Wie überall«, antwortet Agápios. »Früher war es tatsächlich ein friedvoller Ort, aber mittlerweile müssen wir uns in Acht nehmen. Nicht nur ich, auch meine Freunde.«

»Wieso denn das?«, will Fina wissen. Beim Thema Gefahr ist sie natürlich sofort dabei.

»Ihr reist mit Menschen«, sagt Agápios leise und schielt zu unserem Van hinüber. »Ich möchte nichts gegen sie sagen, aber ...«

»Manche Menschen sind furchtbar«, unterbricht Fina ihn. »Sie tun fürchterliche Dinge.«

Agápios blickt sie nachdenklich an, dann nickt er. »Es tut mir leid, dass du diese Erfahrung auch schon machen musstest.«

»Was ist dir passiert?«, frage ich schnell, bevor Fina sich in Geschichten über ihr Leben auf der Straße ergeht. Mittlerweile kann ich diese fast auswendig mitsprechen – mit Agápios zu reden ist jedoch vielleicht eine einmalige Gelegenheit.

»Nun, wenn die Luft und das Wasser besonders warm sind, kommen viele Menschen hierher. In den Algenfeldern, in denen es vorher ruhig und gelassen zuging, herrscht plötzlich Chaos, denn Boote rasen über sie hinweg. Und über uns, natürlich.«

»Und in den Booten sind Menschen«, schlussfolgert Fina.

»Ja, sie reisen damit von riesigen Schiffen vor den Küsten hinüber zum Strand, schneller als jeder Delfin es könnte. Es bleibt kaum Zeit, ihnen auszuweichen, weil sie so unvermittelt vor uns auftauchen. Und dann gibt es außerdem Menschen, die Fische jagen. Sie lassen Netze von ihren Booten hinab, oder stehen am Strand und werfen Haken ins Wasser, befestigt an durchsichtigen Schnüren. Manchmal verlieren sie diese oder vergessen sie einfach am Strand. Und dann treiben sie im Meer, tief draußen oder auch hier im Algenwald.«

»Menschen lassen ihren Müll oft liegen«, stimme ich ihm zu – obwohl ich immer wieder davon profitiere, ein halbes Brötchen oder eine alte Banane auf dem dem Boden zu finden. Plastik, von dem Agápios hier spricht, ist erfahrungsgemäß aber tatsächlich nicht so cool.

»Das ist mir erst vor ein paar Jahren bewusst geworden«, erklärt Agápios. »Ich erinnere mich noch genau an den Tag. Das Meer war ruhig und die Sonne strahlte an Algen und Steinen vorbei bis in die entlegensten Ecken. Es war ein perfekter Tag zum Entspannen. Also döste ich und ließ mich einfach treiben ... bis mich plötzlich etwas am Hinterbein packte. Ich paddelte, da umschloss es mein Zweites. Ich kam nur schwer voran, egal wie kräftig ich strampelte. Es war nutzlos. Ich war gefangen.« Agápios schnappt nach Luft, so als würde ihm die Erinnerung an dieses Erlebnis die Kehle zuschnüren.

»Wie konntest du dich befreien?«, frage ich verhalten.

»Ich hatte Glück, dass ich nahe der Küste gewesen war. Jemand muss mich gesehen haben – und dennoch fühlte sich die Zeit bis zu meiner Rettung wie eine Ewigkeit an. Die Sonne wanderte immer weiter gen Meeresoberfläche und ich konnte meine Augen nicht mehr offen halten. Ich war dehydriert und erschöpft und hatte Angst, die Dunkelheit nicht mehr zu erleben. Da spürte ich, dass jemand an mir zog. Ich blinzelte und sah einen Menschen im Wasser! Er war ganz nah und hatte einen glänzenden Gegenstand in seiner Hand. Damit entfernte er das, was mich gefangen hielt. Als meine Beine frei waren, war mein erster Impuls, loszuschwimmen. Einfach nur weg.«

»Das kann ich gut verstehen«, sagt Fina und blickt Agápios aus großen, dunklen Augen an. »Und der Mensch? Hat er dich verfolgt?«

»Nein«, wehrt Agápios ab und verzieht seine schmalen Lippen zu einem kleinen Lächeln. »Ich hatte keine Kraft mehr in meinen Muskeln. Anstatt zu flüchten, wie es mein Instinkt mir sagte, lag ich erschöpft in den Armen des Menschen und konnte mich nicht bewegen. Ich wollte mich einfach nur ausruhen.«

»Und was ist dann passiert?«, will ich wissen.

»Der Mensch redete auf mich ein, mit einer freundlichen Stimme, die mich so sehr beruhigte, dass ich erneut die Augen schloss und sie erst wieder öffnete, als mich weitere Hände packten. Sie hoben mich am Strand aus dem Meer und legten mich auf ein kaltes, weißes Brett. Ich war zu erschöpft, um mich zu wehren. Dann sah ich das Meer, mein Zuhause, immer kleiner werden. Der Geruch nach Salz verflog. Sie gingen mit mir in einen Kasten, der rumpelte und brummte, und dann waren wir auf einmal an einem ganz anderen, riesigen Ort.

»In einem Shelter?«, fragt Fina.

»Sie nannten es Rettungszentrum«, sagt er ehrfürchtig. »Dort waren weitere Menschen und viele andere Meeresschildkröten. Ich erinnere mich daran, wie verwundert ich war, so viele von ihnen außerhalb des Meeres zu treffen. Doch es dauerte einige Tage, ehe ich wieder klar denken konnte. In dieser Zeit wurde ich gefüttert und untersucht, und immer wieder kam dieser eine Mensch, der mich gerettet hatte, zu mir. Er erklärte mir, dass ich mich in einer Angelschnur verfangen hatte und dass ich mir dabei mein Bein leicht verletzt hatte. Er sprach ganz ruhig und sagte, ich müsse nicht lange bleiben – sie wollten lediglich sichergehen, dass es mir gut ging, bevor sie mich ins Meer zurückbrachten.«

»Das klingt nach einem netten Menschen«, schlussfolgere ich lächelnd.

»Das war er wirklich«, bestätigt Agápios und seine runden Augen füllen sich mit Dankbarkeit. »Er erzählte mir außerdem viel über die anderen Schildkröten. Allen ging es viel schlechter als mir. Manche schwebten sogar in Lebensgefahr.« Er seufzt. »Die meisten hatten Kopfverletzungen. Erinnert ihr euch an die Boote in Strandnähe, von denen ich erzählt habe?«

Fina und ich nicken gleichzeitig.

»Sie sind schuld an solchen Verletzungen. An eingeschlagenen Schädeln. Boote, oder auch die Menschen, die meine Spezies böswillig schlagen, wenn sie uns in Fischernetzen finden. Könnt ihr euch das vorstellen?«

»Nein«, flüstere ich betroffen, während Fina weitaus lauter »Ja«, murmelt.

Wir sehen uns an und ich glaube, in diesem Moment sind wir beide noch dankbarer dafür, eine Familie gefunden zu haben, die uns beschützt.

»Der Mensch erklärte mir, dass Kopfverletzungen besonders schlimm für uns Meeresschildkröten sind, und er bleute mir ein, dass ich gut auf mich aufpassen sollte. Das hätte er nicht extra sagen müssen, denn ich konnte meine Artgenossen in der Einrichtung genau beobachten. Einige von ihnen schwammen als Folge ihrer Kopfverletzung die ganze Zeit an der Wasseroberfläche, anstatt sich auf dem Boden auszuruhen. Nur jene, denen es langsam besser ging, konnten wieder tauchen. Ich betrachtete sie, während ich darauf wartete, wieder zurück ins Meer zu dürfen. Da war Bueno, ein Jungspund, dessen Kopfverletzung so schwerwiegend war, dass er nicht mehr tauchen konnte und die Nahrung verweigerte. Er sprach kaum, zu sehr hatte ihn seine Begegnung mit dem Menschen traumatisiert, der ihm das mit seinen Schlägen angetan hatte. Bueno, Apollo und Hera, drei Namen und doch ein gemeinsames Schicksal. Die Einrichtung war voll mit solch schweren Fällen. Als ich mich von Tag zu Tag kräftiger fühlte, hatte ich fast ein schlechtes Gewissen, dass es mir so schnell besser ging und all die anderen vermutlich Wochen oder Monate benötigen würden, um wieder gesund zu werden.«

»Du hättest dich nicht schlecht fühlen müssen, nur weil es dir besser ging als ihnen«, sagt Fina feinfühlig. »Du hattest Glück. Das ist doch was Gutes.«

»Ja, dessen bin ich mir heute sehr bewusst. Ich habe wirklich Glück, an einer verhältnismäßig ruhigen Insel zu leben, an der wir kaum von schlimmen Unglücken betroffen sind. Ich war der Erste, der gerettet und fortgebracht werden musste – ihr könnt euch vorstellen, wie neugierig alle waren, als die Menschen mich zum Strand zurückbrachten und ich davon schwimmen konnte. Es war ein bittersüßer Moment; einerseits war ich überglücklich, wieder im Meer zu sein, andererseits wusste ich, dass ich niemals erfahren würde, was mit den anderen Meeresschildkröten geschehen war. Sind sie wieder ganz gesund geworden? Drehen sie heute ihre Runden um Zakynthos oder Evia, so, als wäre nichts gewesen?«

»Bestimmt tun sie das«, sagt Fina überzeugt.

»Menschen sind sehr effektiv in dem, was sie tun. Wenn sie jemandem helfen wollen, dann tun sie das in der Regel richtig.«

»Genau«, pflichte ich ihr bei.

»Ich hoffe, ihr habt recht«, sagt Agápios.

»Wir können ja die Augen offen halten«, biete ich an. »Immerhin bereisen wir ziemlich viele Orte.« Ich bin so begeistert von meiner eigenen Idee, dass ich mich fast verschlucke, weil die Worte so schnell aus mir heraussprudeln. »Vielleicht treffen wir eine der Meeresschildkröten, die du bei den Pflegern kennengelernt hast. Und wenn wir uns das nächste Mal wiedersehen, können wir dir davon berichten.«

»Das klingt großartig.« Agápios Augen weiten sich hoffnungsvoll.

»Damit haben wir eine Mission!« Mein Schwanz wedelt aufgeregt von rechts nach links und ich stupse Fina mit meiner Nase an. »Wir sind deine Augen und Ohren an Land! Du kannst dich auf uns verlassen! Wir kommen wieder!«

»Oh Mann«, seufzt Fina, doch als sie Agápios' Blick auffängt, werden ihre Züge weich. »Ja, du kannst dich auf uns verlassen.«

Und Schwupps: wartet ein neues Abenteuer auf uns!

〜

Direkt an der »3rd Marina« in Glyfada, unweit von Athen, liegt das *Sea Turtle Rescue Center* der *Archelon*, der *Sea Turtle Protection Society of Greece*. Es ist eines der ersten Rettungszentren für Meeresschildkröten in Europa und die aktuellen Bewohner des Zentrums kommen aus ganz

Griechenland. Evia, Zakynthos, Thessaloniki – von überall werden Meeresschildkröten hergebracht. Sie werden medizinisch versorgt, stabilisiert und letztendlich wieder ausgewildert.

Sieht man die beeindruckenden Tiere im Meer schwimmen, kann man glatt vergessen, dass sie trotz ihrer imposanten Größe und dem dicken Panzer nicht unbesiegbar sind. Einer ihrer größten Feinde sind leider wir, die Menschen. Durch unsere Achtlosigkeit verheddern sich Meeresschildkröten in Angelzubehör oder verschlucken es, und wir sind ebenfalls dafür verantwortlich, dass sie Plastikteile aufnehmen, die im Meer umher schwimmen. Laut dem *Archelon Rescue Centre* gibt es eine Schätzung darüber, dass bereits siebzig Prozent aller Meeresschildkröten Plastikteile in ihrem Verdauungssystem haben!

Viele von ihnen erleiden außerdem Kopfverletzungen und verfallen dadurch in eine Art Magersucht. Es kann Monate dauern, bis sie selbstständig wieder fressen können. Manche verlieren auch dauerhaft ihre Sehkraft.

Was uns in der ersten Woche in Griechenland positiv aufgefallen war – die abgesteckten Nester – ist bitternötig, denn die Niststrände schrumpfen wegen des Tourismus dramatisch. Die Meeresschildkröten werden durch die hellen Lichter am Strand desorientiert, von Menschen erschreckt und leiden dank des Aufbaus von Schattenbäumen und Sonnenschirmen unter niedrigeren Sandtemperaturen.

Doch was können wir als Reisende tun, um das Leben der Meeresschildkröten zu verbessern? In erster Linie: Plastikmüll vermeiden, und erst recht nicht ins Meer werfen! Die Tiere verwechseln Plastiktüten mit Quallen oder Polyethylen mit einer Leckerei und tauschen einen solchen Snack gegebenenfalls gegen ihr Leben. Es ist erschreckend, dass auf einem Quadratkilometer Ozean heute etwa 18.000 Teile Plastikmüll zu finden sind!

Außerdem kann man sich überlegen, ob man wirklich mit einem Speedboot übers Meer heizen muss oder ob es vielleicht auch ein Ruderboot tut. Wir sind noch heute fassungslos über Szenen in Südspanien, in denen eine Gruppe Männer mit Jetskis vor unseren Augen durch eine gut sichtbare Delfinschule gebrettert war. Man möchte sich nicht ausmalen, wie es den weitaus mühsamer auszumachenden Meeresschildkröten geht, die von Booten erfasst werden. Oftmals verlaufen Kollisionen nicht nur für sie, sondern auch für Delfine oder Wale tödlich.

Wir können nicht für andere mithandeln und denken, aber wir können zumindest unsere eigenen Aktionen steuern.

Peloponnes: Unwegsame Straßen und ein segelnder Terrier

Unsere Fahrt durch Griechenland ging weiter und führte uns über alle »Finger« der Peloponnes-Halbinsel.

Wir hielten an touristischen Hotspots, wie etwa Methoni oder der *Ochsenbauchbucht*, passierten Flamingolagunen und unzählige Olivenbaumfelder und übernachteten an einsamen Stränden mitten im Nirgendwo. Dachten wir in Spanien häufig, dass Straßen fast unpassierbar waren, so zeigte Griechenland uns, dass unser Iveco mehr bewältigen konnte, als wir ihm zugetraut hatten. Wege, die wir vorher niemals genommen hätten, waren plötzlich die einzige Möglichkeit, in die Nähe eines speziellen Strands zu kommen. Wir nahmen oft allen Mut zusammen und holperten über Schlaglöcher in Sand- und Lehmwegen und rissen uns an aus der Erde stehenden Steinen den Wasserschlauch unter dem Wagen an. Beim waghalsigen Navigieren entlang dornengesäumter Wege kassierten wir außerdem die eine oder andere kleine Schramme im Lack. Nichts, das man mit einem Neuwagen in Kauf nehmen würde – doch weil unser Van ohnehin mal wieder eine Lackierung benötigte, gingen wir das Risiko ein. Belohnt wurden wir fast immer mit einsamen

Buchten, wie wir sie noch nie gesehen hatten. Orte fernab des Massentourismus, an denen tatsächlich nur vereinzelt abgeladener Müll auf die Anwesenheit von Menschen schließen ließ.

Wie in einer Bucht auf Kythira, einer weiteren traumhaften Insel vor der Südostspitze der Peloponnes.

FOTIS

Wie an jedem Morgen auf dieser Insel geht die Sonne gerade erst auf, als meine Menschen die Vantür öffnen, damit wir laufen können, ehe der Sand zu heiß wird. Fina und ich stehen wartend im Flur, fertig angezogen, bereit, rauszustürmen und die Umgebung zu erkunden. Die Luft ist salzig und der Wind, der durch die Sträucher neben unserem Wagen streift, weht Duftfetzen von Waffeln hinüber. Die Beachbar öffnet!

Ich folge dem Geruch wie ferngesteuert, genauso wie Fina, die sich auf der griechischen Landstraße wie zu Hause fühlt. Bevor wir den Ursprung des Duftes erreichen, biegen unsere Menschen ab und ich stürme den Hügel hinunter, der direkt ans Meer führt. Ich liebe es hier! Der Strand ist so lang, dass ich an keiner der beiden Seiten ein Ende erkennen kann. Viel Platz zum Toben und Rennen im Sand! Ob ich heute wohl wieder einen Fisch in der Bucht finde?

Weil es so früh ist, wirkt der Strand, als wären wir die ersten Hunde jemals, die ihn betreten. Die Spuren der gestrigen Besucher sind vom Wind und dem Wasser ausradiert worden. Ich genieße es, mit meinen Pfoten eine Linie aus Abdrücken zu hinterlassen, die jedem zeigen: Ich war hier!

»Sieh mal«, sagt Fina plötzlich aufgeregt und deutet mit ihrer weiß-beigen Schnauze zum Wasser. »Da schwimmt ein Brett.«

»Das ist doch kein Brett«, korrigiere ich sie und rolle mit den Augen. »Das ist ein SUP.«

Ich sage das ganz selbstverständlich, so, als müsste sie das wissen. Natürlich bin ich mir aber darüber bewusst, dass Fina im Gegensatz zu mir noch nie auf einem SUP saß, und ehrlich gesagt glaube ich auch nicht, dass sie sich mit ihrem dünnen Nervenkostüm überhaupt drauf trauen würde. Aber ich necke sie einfach zu gerne. Das ist meine Rache dafür, dass sie mir fast jeden Morgen ihre Popcornfüße ins Gesicht schlägt.

»Das ist wie ein Boot, nur ohne Wände«, erkläre ich. »Der Mensch steht drauf, versucht das Gleichgewicht zu halten und bewegt sich so auf dem Meer fort.«

»Ohne Wände?« Die Angst steht ihr ins Gesicht geschrieben. »Ist das nicht zu gefährlich?«

»Alle guten Sachen sind gefährlich«, grinse ich. »Ich bin schon als Welpe auf ein SUP geklettert. Und das Risiko, ins Wasser zu fallen, ist doch das Spannende daran!«

Sie macht große Augen und ich lächele. Mir gefällt es, wenn sie mich für meine Abenteuer bewundert. Ich verschweige ihr natürlich, dass ich in den Momenten, in denen ich über Bord ging, nicht ganz so cool war, wie ich es jetzt darstelle. Um ehrlich zu sein: Ich hatte ganz schön Angst und war heilfroh über die Schwimmweste, an der mein Mensch mich sofort hochgezogen und auf das aufgeblasene Brett gesetzt hat.

Und ich verschweige auch, dass ich nur hineingefallen war, weil ich mich tief zum Wasser hinuntergebeugt hatte, um nach den Wellen zu schnappen, wie der dümmste Hund der Welt.

Fina kneift ihre Augen ganz schmal zusammen. »Auf diesem SUP sitzt ein Hund. Scheinbar ein Abenteurer, so wie du.«

Sie wird für mich – und für unsere Menschen – vermutlich immer ein Rätsel bleiben. Manchmal habe ich das Gefühl, dass sie schlecht hört, dann wiederum reagiert sie auf das kleinste Geräusch, das nicht mal ich mitgeschnitten habe. Zwischendurch steht sie vor einem Leckerli und sieht es nicht, so als wäre sie blind, und im nächsten Moment erkennt sie einen winzigen Punkt am Horizont als Hund, der mit seinen Menschen auf einem SUP auf dem Meer herumtreibt.

Ich muss mich konzentrieren, um ihn auszumachen. Das wird von Augenblick zu Augenblick leichter, denn das SUP kommt in unsere Richtung gefahren. Die Wellen treiben es voran und die Menschen rudern mit ihren Paddeln kräftig mit, um schneller an ihr Ziel zu kommen.

»Die legen hier an!«, rufe ich und animiere Fina, mir zu folgen. Wir laufen den Strand entlang, genau zu der Stelle, an der wir das SUP erwarten. Unsere Menschen sind nicht ganz so schnell, doch sie haben uns genau im Blick. »Keine Sorge«, würde ich ihnen gerne sagen, »wir stellen nichts an. Wir wollen nur ›Hallo‹ sagen«.

Und das tun wir auch.

»Kalimera!«, rufe ich dem Hund entgegen, der wie ein erfahrener Seefahrer fest mit allen vier Pfoten auf dem hin und her schaukelnden SUP steht. Weil die Insel jetzt, außerhalb der Saison, so leer ist, treffe ich nicht viele Artgenossen. Umso cooler ist es, dass dieser hier offenbar ähnlich erlebnishungrig ist wie ich.

Wenn auch deutlich souveräner.

»Jassas!« Er ist ein Jack-Russel-Terrier, also ungefähr meine Größe. Er wirft seinen Menschen einen Blick zu und diese geben ihm ein Zeichen, woraufhin er ohne zu Zögern in die Wellen springt und das letzte Stück an Land schwimmt.

Ich bin beeindruckt. Ich würde nicht sagen, dass ich Angst vor Wasser habe – aber ich mag es auch nicht unbedingt. Wenn es einen Grund gibt, hineinzugehen und zu schwimmen, beispielsweise wenn mein Ball oder etwas Essbares in Sichtweite sind, dann überwinde ich mich. Aber das muss schon ein sehr, sehr großer Anreiz sein und nie im Leben würde ich mit so einem Elan wie dieser Hund ins Meer springen. Seine Menschen tun es ihm gleich und ziehen das SUP an den Strand, während er mit seinen Pfoten paddelt, als wäre er ein waschechter Seehund.

»Hi Leute«, sagt er, nachdem er sich durch die stärkeren Wellen vorne an der Brandung gekämpft hat. Er schüttelt sich das Salzwasser aus dem Fell und kneift die runden braunen Augen ein paar Mal zusammen. »Alles klar? Ich bin Thanássis.« Er grinst. »Aber alle nennen mich Thános. Und wer seid ihr?«

Thános ist definitiv älter als ich. Viel älter. Ich fühle mich mit meinen vier Jahren neben ihm wie ein kleiner Junge und ich wittere, dass dieser Typ viele Geschichten zu erzählen hat.

»Ich bin Fotis und das ist Fina«, sage ich. »Wir leben in einem Van!«

»In einem Van?«, fragt Thános neugierig.

»Das ist ein großes Auto«, antwortet Fina, die in den letzten Monaten merklich aufgetaut ist.

»Ah! Verstehe«, entgegnet Thános. »Tut mir leid, ich sehe nicht viele Autos. Ich lebe nämlich auf einem Boot.«

»Auf einem Boot?«, wiederholen Fina und ich ungläubig.

»Ja, seht ihr, dort hinten.« Thános fokussiert einen weißen Punkt weit draußen auf dem Meer. »Das ist unser Katamaran.«

»Katamaran«, wiederholt Fina schon wieder. Sie lässt uns wie die letzten Dummköpfe da stehen.

»Das ist ein Boot, das zwei Rümpfe hat, die fest miteinander verbunden sind. Das hat den Vorteil, dass wir darauf mehr Platz haben als auf einem normalen Segelboot, und es schaukelt nicht so doll. Seht ihr? Es liegt ganz ruhig in den Wellen.«

Staunend betrachte ich den weißen Klumpen, der hauptsächlich durch seinen hohen Mast auffällt.

»Und darauf wohnst du?«

»Ja.« Er leckt sich über die Schnauze und fügt hinzu: »Ich habe ein paar Jahre hier in Griechenland auf der Straße gelebt, doch dann hat mich ein Motorroller angefahren und Tierschützer haben mich aufgesammelt, damit ein Arzt mein Bein und meine Hüfte operieren konnte.« Er tritt vom linken aufs rechte Hinterbein und jetzt erkenne ich, dass er sie nicht gleich stark belastet. Das kommt mir bekannt vor, nur dass bei mir nicht ein monströser Roller die Schuld daran trägt, sondern meine angeborene Hüftdysplasie.

»Und dann bist du in ein Shelter gekommen«, ergänzt Fina leise.

»Ja, richtig.« Thános nickt erstaunt. »Ich hatte immer ziemlich Angst davor, dass mich jemand einsammelt. Ständig ist einer von meinen Kumpeln verschwunden und wurde nie mehr gesehen. Wir haben uns gefragt, was die Menschen mit ihnen machen. Weil, na ja, ihr wisst ja, wie Menschen sein können ... nicht alle sind gut.«

»Ich war auch in einem Shelter in Griechenland«, sagt Fina in einem Tonfall, der deutlich macht, dass sie genau weiß, wovon Thános spricht. »Ein paar Monate lang.«

Ich bin ruhig, denn bei diesem Thema kann ich überhaupt nicht mitreden – Menschen waren immer gut zu mir.

»Dann kennst du das Gefühl ja. Es ist schwer, sich darauf einzulassen, dass ein Mensch einem helfen will. Mein Zuhause war jahrelang die Straße, und ich hätte sie niemals freiwillig verlassen. Aber hätte man mich nicht ins Shelter gebracht, könnte ich jetzt nicht mehr laufen und wäre vermutlich auf der Straße gestorben.«

»Also haben sie dir das Leben gerettet, in diesem Shelter?«, frage ich.

»Ja, das kann man schon so sagen.«

»Und dann haben sie dich gleich auf das Boot geschickt?«, fragt Fina und klingt ziemlich verschreckt.

Das Boot scheint ihr mehr Angst einzujagen als das Shelter. Das wäre ja mein persönlicher Albtraum – so viele andere Hunde, gegen die ich mich durchsetzen müsste, und kein Mensch, der mir beisteht.

Thános lacht. »Nein, nicht ganz. Ich war auch ein paar Monate im Shelter, genau wie du.« Er sieht Fina wissend an. »Und dann kamen meine Menschen. Sie waren mit ihrem Katamaran gerade in der Nähe und wollten mich kennenlernen. Und natürlich ausprobieren, ob ich mit ihnen auf das Boot gehen würde.«

»Wie bei dir mit dem Van, Fina«, necke ich sie. »Nur dass Thános sich bestimmt nicht so angestellt hat. Hast

Glück gehabt, dass sie dich überhaupt mitgenommen haben.«

Sie wirft mir einen genervten Blick zu und Thános schmunzelt.

»Ich kannte Boote zwar überhaupt nicht, aber die Menschen waren ja an meiner Seite. Ich hatte keinen Grund, ihnen nicht zu vertrauen. Und seit diesem Tag lebe ich mit ihnen auf dem Meer.«

»Das klingt unglaublich cool«, sage ich beeindruckt. Ein Hund, der auf dem Wasser lebt! »Und zum Gassigehen kommst du jeden Tag an Land?«

Jetzt ist es Fina, die sich über mich lustig macht. Sie tut so, als würde sie hecheln, doch in ihren Augen sehe ich, dass sie lacht. Mit einem amüsierten Blick wendet sie sich an Thános. »Er hat nie wirklich auf der Straße gelebt. Er denkt, er *muss* jeden Tag ausgiebig laufen, weil sich das für Hunde so gehört.« Die beiden grinsen sich an.

»Wir sind Hunde, wir brauchen Bewegung. Das weiß doch jeder«, rechtfertige ich mich. Vor allem Fina, die so einen trägen Stoffwechsel hat, dass sie sofort zunimmt, wenn sie nicht regelmäßig ihre Runden dreht, sollte hier mal den Ball flach halten.

»Ich habe schon oft versucht, ihm zu erklären, dass ich nach ein paar Jahren auf der Straße froh bin, wenn ich nicht ständig umherlaufen muss«, spricht Fina weiter.

»Zugegebenermaßen machen Landgänge aber immer großen Spaß«, sagt Thános und ich fühle mich nicht mehr ganz so ahnungslos. »Ich bin nicht jeden Tag an Land, aber wenn, dann wandern wir gerne länger herum und ich erkunde die Umgebung. Es gibt viel zu sehen und zu riechen – jeder Ort ist anders.«

»Das heißt, du lebst gar nicht immer dort drüben?«
Ich schaue zu dem Katamaran hinüber. »An diesem Ort
im Wasser?« Ich bin irritiert.

»Nein«, ruft Thános lachend. »Wir fahren umher,
genau wie ihr – nur eben auf dem Meer. Das dort drüben
ist nur unser Parkplatz. Wir fahren um die ganze Welt!«

»Wow«, flüstere ich.

Die ganze Welt? Ich kenne bisher keinen Hund, der
die ganze Welt bereist hat. Und dann auch noch auf dem
Wasser!

»Bist du auch schon in Spanien gewesen?«, will ich
wissen. Ich kann nicht verhindern, dass mein Schwanz
aufgeregt hoch und runter schlägt, wenn ich an Titus
und seinen Piratenschatz denke.

»Natürlich.« Thános streckt seine Nase der Sonne
entgegen und atmet eine tiefe, salzige Brise ein. Mit
seinem vom Salzwasser strubbeligen, sandigen Fell sieht
er aus wie ein waschechter Abenteurer. »Wir waren in
Spanien, in Kroatien, in Italien, aber auch in Afrika.«

»Wow«, hauche ich erneut, tief beeindruckt. »Afrika«.

Ich erinnere mich, dass wir Afrika von Spanien aus
sehen konnten. Meine Menschen haben immer wieder
gestaunt, denn wenn die Sicht klar war, konnte man nicht
nur die Umrisse der Küste von Marokko erkennen,
sondern ganze Landschaften. Es schien so nah, aber so
fern, weil ein riesiger Haufen Wasser zwischen uns lag.
Für mich war es daher unerreichbar – und jetzt lerne ich
Thános kennen, für den Wasser so gar kein Hindernis
darstellt.

»Ich habe im Meer vor Afrika schon mal einen Delfin
getroffen«, sage ich. Natürlich möchte ich damit
angeben. Wer kann schon von sich behaupten, mit einem

Delfin abgehangen zu haben? »Er hat mir erklärt, wie er und seine Familie Fische jagen und dass er niemals friert.«

»Delfine sind klasse«, sagt Thános. »Wir sehen ständig welche. Sie sind ziemlich gesprächig.« Er grinst. »Ich freue mich immer, wenn sie uns ein Stück begleiten und quasseln, als gäbe es kein Morgen mehr. Manchmal treffe ich auch Wale.«

»Wale?«, fragt Fina und legt die Ohren an.

Herrje, als ob alleine die Erwähnung eines Wals bewirken würde, dass wir von einem angegriffen werden.

»Das sind ruhige Gesellen.« Thános setzt sich hin und kratzt sich mit seinem weißbraunen Hinterbein ein wenig Sand aus dem Fell. »Wortwörtlich. Sie sprechen nicht viel, aber wenn, dann haben sie erstklassige Geschichten auf Lager. Sie kommen viel rum, wisst ihr. Und sie werden alt. Das ist eine prima Kombination für Abenteuergeschichten.«

»Das klingt so cool«, seufze ich.

»Es ist auf jeden Fall cooler als im Shelter.«

»Und was war dein bisher größtes Abenteuer?«

»Hm.« Thános fixiert angestrengt einen Fleck auf seiner Pfote, der sich als Klette entpuppt. Fina zieht diese Dinger an wie ein Magnet, während mein Fell aus irgendeinem Grund meist verschont bleibt. Er überlegt kurz, wie er mit dem stacheligen Störenfried verfahren soll, ehe er die nervende Klette kurzerhand abknabbert. »Nun, mein größtes Abenteuer ... Ich schätze, das war wohl die Nacht, in der eine Jacht neben uns gebrannt hat.«

»Sie hat was?«, fragt Fina ungläubig. »Gebrannt, mitten auf dem Wasser?«

Thános nickt. »Ich war erst seit Kurzem bei meinen Menschen. Wir hielten uns eine ganze Weile auf dem Wasser vor meiner Heimat Rhodos auf. Das beruhigte mich, denn auch wenn ich immer für ein Abenteuer zu haben bin« – er bedenkt mich mit einem Augenzwinkern – »machte mir all das Wasser um mich herum zunächst etwas Angst. Früher konnte ich stundenlang laufen und schlagartig gab es nur noch den Weg von der einen Seite des Katamarans zur anderen. Und um mich herum ein großes Nichts. Ich musste mich erst daran gewöhnen, dass der Boden unter meinen Pfoten in den Wellen schaukelte. Es war so merkwürdig.« Er seufzt. »Es gab viel zu verdauen in meinem neuen Leben.«

»Ich verstehe dich sehr gut«, sagt Fina. »Mir fällt es heute noch schwer, mich zurechtzufinden. Und ich lebe nicht auf einem Boot!«

»Das wird schon noch«, sage ich aufmunternd.

Ich muss zugeben, dass ich meist keine große Hilfe für sie bin. Ich will Abenteuer erleben, und sie mag es am liebsten, wenn absolut gar nichts passiert. Aber da sie meine Freundin sein möchte, passt sie sich an.

Ich habe es ihr wirklich nicht leicht gemacht, sich einzuleben.

»Alles braucht seine Zeit«, stimmt Thános mir zu. »Bei mir gab es diesen einen Moment, in dem die Ängste und Zweifel von mir abfielen: als wir zum ersten Mal weit von der Insel weg segelten! Ich wandte mich von meinem Zuhause ab und blickte nach vorne. Da stand ich, mit allen Pfoten fest auf dem Boden des Bugs und bestaunte die Weite des Ozeans. Der Wind peitschte mir bei voller Fahrt ins Fell und ich stemmte mich mit all meiner Kraft gegen ihn. Es war ... erhebend.«

»Ist das, wie beim Autofahren den Kopf aus dem Fenster zu halten?«, frage ich und schließe automatisch meine Augen, so als würde mir tatsächlich ein kühler Wind entgegen strömen.

»Ich habe noch nie meinen Kopf beim Autofahren aus dem Fenster gehalten«, überlegt Thános. »Aber ich denke, es ist ähnlich!« Er seufzt glücklich. »Manchmal stehe ich stundenlang da und genieße den Wind und die salzigen Wassertropfen, die mir vom Meer ins Maul geschleudert werden.«

Ich seufze mit. Das klingt einfach perfekt.

»Jedenfalls«, besinnt er sich wieder auf seine Geschichte, »segelten wir an diesem Tag nach Karpathos. Stellt euch eine saftig bewachsene Insel vor, mit hohen Bergen und riesigen Bäumen, und einem langen, hellen Strand.« Er unterbricht sich kurz und lässt seinen Blick von links nach rechts schweifen. »So wie hier«, grinst er. »Es lag nur ein weiteres Boot vor der Bucht, in der wir ankerten. Kein Vergleich zum geschäftigen Hafen auf Rhodos!«

»Und dann kam das Feuer?«, frage ich ungeduldig.

Fina wirft mir einen missbilligenden Blick zu.

»Was denn?«, zische ich. »Bist du etwa nicht gespannt?«

»Ich komme gleich dazu, keine Sorge«, sagt Thános nachsichtig. »Es wurde Abend und die Menschen gingen ins Bett. Ich dagegen rollte mich an Deck zusammen, um mich vom Rauschen des Meeres in den Schlaf begleiten zu lassen. Es war die erste Nacht, die ich nicht bei meinen Menschen verbrachte, seit ich bei ihnen eingezogen war. Irgendetwas hielt mich draußen. Vielleicht war es eine Art Vorahnung.«

»Wahnsinn«, hauche ich.

»Irgendwann weckte mich ein beißender Geruch – es stank nach Feuer! Keinem guten Feuer, wie bei einem Grill, auf dem Würste liegen, sondern nach einem bösen, alles vernichtenden Feuer. Eines, das ganze Wälder und Dörfer zerstören konnte.«

Fina versteift sich und hält den Atem an. Sicher musste sie mal vor einem dieser Feuer flüchten, als sie auf der Straße gelebt hat.

»Ich wusste sofort, dass etwas nicht in Ordnung war und lief zum hinteren Teil des Katamarans. Zunächst sah alles gut aus – die Jacht in unserer Nähe leuchtete von innen, so wie Boote eben leuchten, wenn Menschen Licht anmachen. Doch der Geruch kam ganz klar von dort. Was, wenn es kein Licht war, das dort brannte, sondern Feuer?«

»Und es war Feuer?«, flüstere ich angespannt.

»Es war Feuer«, bestätigt Thános.

»Und was hast du gemacht?«

»Ich habe gebellt, so laut ich konnte! Einen kurzen Moment hatte ich Angst, meine Menschen würden wütend sein, weil ich sie geweckt hatte, aber sie waren genauso erschrocken wie ich. Einer von ihnen sprang in unser Beiboot und legte so schnell ab, wie ich es noch nie erlebt hatte. Ich bellte weiter, und endlich erschien jemand an Deck der Jacht vor uns. Er war verängstigt und hustete unentwegt, doch er schaffte es auf unser Beiboot, das mein Mensch sofort von der brennenden Jacht wegsteuerte. Mittlerweile schlugen die Flammen durch die Luken und das Kajütendeck. Meine Menschin lobte mich immer wieder und wir lauschten den näherkommenden Sirenen. Ich sah einen Wagen am

Strand bremsen, aus dem Leute sprangen, und hörte zwei Boote, die sich mit der Kraft von Motoren pfeilschnell näherten. Während die Helfer die Flammen erledigten, schleppte eines der Boote meinen Menschen und den armen Kerl von der Jacht zum Strand. Der Mann hatte etwas, das die Menschen ›Rauchvergiftung‹ nannten.«

»Und wurde er wieder gesund?«, fragt Fina.

»Ja!« Thános nickt bekräftigend. »Zwei Tage später trafen wir ihn am Strand. Er sagte, ich hätte ihm das Leben gerettet.«

»Irre«, keuche ich beeindruckt. »Du bist ein Held!«

»Aber wirklich«, pflichtet Fina mir bei. Kann es sein, dass sie sich gerade in diesen kleinen, strubbeligen Terrier verknallt?

»Jedenfalls«, sagt Thános bescheiden, »war das mein bisher größtes Abenteuer. Wer hätte gedacht, dass ein Hund von der Straße mal auf einem Katamaran wohnt und als lebender Feueralarm fungiert?« Er lächelt zufrieden. »Ich bin jedenfalls froh, dass mein Schicksal diese Wendung genommen hat. Obwohl ich es manchmal auf See vermisse, mich mal so richtig auszutoben.«

»Ach ja?«, frage ich und belle auffordernd, ehe ich losstürme. »Dann solltest du das hier genießen!«

Er reagiert blitzschnell und hetzt mir sofort hinterher. Auf Terrier ist Verlass – mit kaum einer anderen Rasse macht mir das Toben so viel Spaß wie mit ihnen! Ich schlage einen Haken, den Thános natürlich vorhersieht und mich fast im Rücken zu packen bekommt. Wir wirbeln viel Sand auf und hinterlassen gemeinsam unsere Spuren an der Wasserkante, sodass das Salzwasser in alle Richtungen spritzt.

Erst als ich merke, dass Thános langsamer wird, kehre ich zu Fina zurück, die uns wie eine ungeduldige Mutter beobachtet hat.

»Seid ihr jeden Tag woanders?«, frage ich, als wir uns hinlegen, um zu verschnaufen. Thános keucht lauter als ich, was kein Wunder ist, denn seine graue Schnauze verrät sein Alter.

»Nein, nicht unbedingt«, antwortet er und rollt sich auf die Seite. »Wir bleiben, so lange wir Lust haben.« Er grunzt. »Manchmal ist das ein Tag, hin und wieder aber auch ein Monat. Wir müssen uns nach dem Wetter richten, weißt du?«

Ich nicke. »Wir auch.«

Thános sieht mich ein wenig verwundert an. »In einem Auto? Wirklich?«

»Es wackelt manchmal ganz schön«, sage ich und Fina nickt energisch. Doch Thános' ungläubiges Lächeln verunsichert mich.

»Warst du mal während eines Sturms auf einem Boot, Fotis?«

Ich überlege übertrieben lange, obwohl die Antwort einfach ist. »Nein«, sage ich schließlich und spare aus, dass ich generell noch nie auf einem Boot war, abgesehen von unserem aufblasbaren Kanu, das ehrlich gesagt schon bei wenig Wind ganz schön schaukelt. Das wäre in einem Sturm der letzte Ort, an dem ich sein möchte. »Wie ist das so?«

»Ich weiß es nicht«, grinst Thános. »Niemand möchte bei Sturm auf einem Boot sein, sagen meine Menschen. Deshalb segeln wir immer dorthin, wo das Meer möglichst friedlich ist. Sie sind ziemlich gut darin, die Wetterkarte zu lesen.«

»Meine auch«, entgegne ich. »Wir kommen selten in Stürme, weil wir vorher wegfahren.«

»Klingt, als wäret ihr ebenfalls segeltauglich.«

»Glaubst du wirklich?« Ich habe mir noch nie Gedanken darüber gemacht, auf einem Boot zu reisen, doch Thános Erzählungen lassen meine Pfoten kribbeln. »Nun ja«, sage ich selbstsicher, »ich wäre bereit für ein neues Abenteuer!«

»Du spinnst wohl«, knurrt Fina leise. »Mir reicht schon das Geschaukel im Auto während der Fahrt, da werde ich sicher nicht auf ein Boot steigen!«

»Wie gut, dass du das nicht zu entscheiden hast«, gebe ich zurück und beobachte meine beiden Menschen, die angeregt mit denen von Thános plaudern.

Wer weiß: Vielleicht tauschen wir ja irgendwann unser Vanlife gegen ein Boatlife.

Die Straßen voller Hunde

Obwohl wir vor dem deutschen Winter geflohen waren, konnten wir der kalten Jahreszeit nicht ganz entkommen: Auch in Griechenland wurde es Ende November merklich kühler. Die Kälte kam schneller und vehementer, als wir es in Spanien erlebt hatten. Doch im Gegensatz zum beliebten Andalusien trat man sich hier immerhin nicht gegenseitig auf die Füße. Je stärker die Temperaturen fielen, desto weniger Wohnmobile und Vans begegneten uns.

Plötzlich waren wir weitestgehend alleine im Paradies, das uns trotz niedriger zweistelliger Temperaturen in der Nacht am Morgen weiterhin mit Sonnenschein und einem türkisblauen Meer begrüßte. Die Einheimischen verirrten sich nur noch selten an die Strände, und so fühlten wir uns an manchen Tagen wie die einzigen Menschen weit und breit.

Nun fielen sie noch mehr auf, die umherstreunenden Straßenhunde. Je nachdem, wie sensibel man ist, geht einem das Schicksal der Tiere ganz schön an die Nieren. Es gab kaum ein Dorf, das wir durchfahren haben, in dem keine Hunde am Straßenrand lagen oder es gerade so vor einem heraneilenden Auto über die Straße geschafft hatten. Viele von ihnen werden von Einheimischen gefüttert und sehen wohlgenährt aus. Sie haben gelernt, freundlich zu Menschen zu sein, denn die haben Futter und möglicherweise sogar ein paar Streicheleinheiten für sie. Bei ihrem Anblick musste ich immer wieder an Noel denken, unsere angebliche Straßenhündin, die es sich in ihrer Rolle als Streunerin so richtig bequem gemacht hatte und nicht nur uns, sondern viele Camper um den Finger gewickelt hatte.

Doch in Griechenland trafen wir keine Noel. Hier waren es Hunde, die wirklich kein Zuhause hatten.

Eines Morgens begegnete ich in einem kleinen Fischerdorf auf meiner Laufrunde einem Kangal. Ich hatte ziemlichen Respekt vor dem großen Tier und wich weiträumig aus, doch der Rüde empfand mich keineswegs als Störung oder Bedrohung – im Gegenteil. Ohne dass ich ihn darin bestärkt hätte, begleitete er mich den Rest des Laufs bis zu unserem Van. Fotis gefiel das überhaupt nicht, doch selbst von seinem lautstarken Gebell ließ der Kangal sich nicht beeindrucken. Er entschloss sich, bei uns zu bleiben, und schlief den restlichen Tag im Schatten des Wagens. Zunächst fanden wir das niedlich und warfen immer wieder einen verstohlenen Blick aus dem Fenster (auch, wenn es uns leidtat, dass er seine Zeit bei uns »verschwendete«, immerhin hatten wir nicht vor, ihn zu füttern). Als am frühen Abend der kleine Hund eines Strandbesuchers die Umgebung erkunden wollte, und dabei eben auch an unserem Wagen vorbeilief, attackierte der Kangal ihn. Wir hatten richtig Angst und sprangen dazwischen.

Ähnliches erlebten wir auch ein paar Wochen später, nur dass wir in dem Szenario die »Eindringlinge« waren und ein Rudel aus fünf Straßenhunden ein campendes

Ehepaar »beschützen« wollte, welches sie seit ein paar Tagen fütterte.

Für Fotis sind solche Begegnungen immer ziemlich nervenaufreibend, weshalb wir versuchen, den direkten Kontakt zu vermeiden. Mit Streunern klappt das in der Regel gut, denn die wollen vor allem eins: keinen Ärger!

Wie verhält man sich Streunern gegenüber, wenn man keinen Hundekontakt möchte?
Hundetrainerin Nastasia aus Köln / Kölleforniadogs

- Streuner haben den Ruf, häufiger schüchtern zu sein, und lassen sich mit lauter Stimme „verbellen"
- Groß machen und sich vor seinen Hund stellen
- Ignorieren! Das gilt vor allem, wenn man die Hundesprache nicht perfekt spricht
- Abwehrendes / gereiztes Verhalten des fremden Hundes respektieren und sich nicht aufspielen, egal wie viel Hundeerfahrung man zu haben glaubt
- Nicht angucken, nicht ansprechen (das kann triggern!)

Generell gilt: Wir wissen nicht, ob der Streuner Krankheiten übertragen könnte, bissig ist oder vielleicht läufig! Schon alleine deshalb ist Abstand von Vorteil.

In Deutschland lieben wir unsere Hunde meist wie Kinder. Unvorstellbar, dass sie dort ziellos auf den Straßen umherlaufen würden, auf der Suche nach Futter, verletzt von Zusammenstößen mit Autos oder Raufereien mit Artgenossen. Deshalb steht man ein wenig hilflos da, wenn man den ersten Tieren im Ausland begegnet.

Die meisten haben uns mit ihrem Verhalten an Fina erinnert: vorsichtig, freundlich, schwanzwedelnd. Bloß beschwichtigen und dem Menschen gefallen. Da zerbricht einem ein kleines bisschen das Herz – vor allem, weil es eben keine Einzelfälle sind, sondern ein landübergreifender Allgemeinzustand. Der erste Impuls ist: Wie können wir helfen? Können wir überhaupt helfen?

Wir haben eine Tierschützerin gefragt, die sich in Finas Heimatort für Hunde einsetzt, die dringend Unterstützung benötigen. Es sind alte Hunde, Verwundete oder Hilflose, die im *FurryTales-Shelter* im Umland von Athen aufgenommen und gepflegt werden. Wie Fina, die abgemagert war, als sie dorthin gebracht wurde. Wie verhält man sich also am besten, wenn man einem Straßenhund begegnet, der augenscheinlich Hilfe braucht? »Hilfe bedeutet gleichermaßen Verantwortung. Damit ist nicht gemeint, dass man den Hund selbst adoptieren muss – aber man muss sicherstellen, dass er versorgt wird.«

FINA

Ich traue meinen Augen nicht, als ich hinter Fotis aus dem Wagen hüpfe. Oder vielmehr: meiner Nase und meinen Ohren, denn die funktionieren besser als meine Augen. Ich höre das Brausen von Motorrollern und rieche Pinien und Abgase. Es trifft mich wie ein Schlag: Ich bin wieder zurück in meiner Heimat!

Ich weiß nicht, ob ich mich darüber freuen soll oder ob es einen Grund gibt, weshalb meine Menschen mich hergebracht haben. Reicht es ihnen nun doch mit mir und meiner Angst, die neben der Unerschrockenheit von Fotis furchtbar übertrieben wirkt?

In der Welt meiner neuen Familie bin ich die ehemalige Straßenhündin, die eine, die Panik hat. Die eine, die schüchtern in der Ecke steht. In Griechenland war ich nicht die eine, sondern eine unter vielen. Gewissermaßen war es leichter. Ich war in das Leben auf der Straße hineingeboren worden. In den Krach, die Hektik, den Alltag mit nur einer Regel: verärgere niemals einen Menschen. Abgesehen davon konnte ich tun und lassen, was ich wollte.

In meinem neuen Leben gibt es viele Regeln, die mir anfangs schwer zu verstehen fielen. Ich durfte auf einmal nicht mehr jagen – etwas, das bisher zu meinem Alltag gehört hatte, wie das Putzen meiner Pfoten.

Ich hatte früher oft von Hunden gehört, die »gerettet« wurden und hatte es mir wunderschön vorgestellt – doch als es mir passierte, war es vor allem überfordernd. Im neuen Land gab es ganz andere Geräusche, Gerüche und Menschen – so viele Menschen! Sie betrachteten mich freundlich, lockten mich an und waren enttäuscht, wenn ich nicht wie Fotis freudig zu ihnen hinüberrannte.

»Was hast du gegen Menschen?«, hatte er mich ganz am Anfang gefragt.

»Ich kenne sie nicht«, hatte ich geantwortet. Was für eine merkwürdige Frage.

»Ja, eben.«

Dieser kurze Wortwechsel sagt so ziemlich alles über die verschiedenen Welten aus, in denen wir großgeworden sind. Fotis, der von fremden Menschen nur Gutes erwartet, und ich, die erst mal das Schlechteste vermutet. Vor allem jetzt, da wir an dem Ort sind, den ich vor vielen Sonnenaufgängen verlassen habe. Es ist so lange her, dass ich mich nicht mehr an meinen letzten Tag hier erinnere, aber so kurz, dass ich den Geruch des Zauns wiedererkenne, an den ich und Hunderte andere Hunde gepinkelt haben.

»Was ist das für ein Ort?«, fragt Fotis, wie immer in Erwartung eines lebensverändernden Abenteuers.

»Ich habe ja gesagt, dass sie uns abgeben«, murmele ich und stemme mich gegen die Leine, als mein Mensch in Richtung Tor gehen will.

»Du bist so bescheuert«, lacht er und schließt fröhlich zu unseren Menschen auf. Er rennt direkt in sein Verderben.

»Na Fina, erinnerst du dich?«, fragt meine Menschin und klingt dabei kein bisschen nach schlechtem Gewissen. Weshalb sollte sie das auch haben? Ich hatte tolle Monate bei ihnen. Nun ist wohl ein anderer Hund dran.

»Komm schon, mein Mädchen. Lass uns reingehen.«

Ich gebe meinen Widerstand auf. Es bringt ja ohnehin nichts. Sie könnten mich auch einfach reintragen.

Wir werden bereits erwartet. Ich erkenne Julia, bei der ich in Deutschland gewohnt habe, nachdem ich das Shelter verlassen hatte. Sie war toll. Aber was macht sie hier?

»Ich hab ja gesagt, dass wir Freunde besuchen«, ruft Fotis aufgekratzt. Auch er kennt Julia, denn sie hat seinen Bruder Falco adoptiert. Er wedelt voller Vorfreude mit dem Schwanz.

Ein ohrenbetäubendes Hundegebell ertönt und ich erkenne einige Nuancen darin wieder, was bedeutet, dass manche meiner Freunde von damals noch immer hier sind. Ich sehe meine beiden Menschen an, die sich ganz normal benehmen. Ich wittere keine Anspannung, keine Traurigkeit und keine Aufregung. Fotis springt am Tor hoch und runter, wie ein ungeduldiges Känguru. So naiv, wie er manchmal ist, so sensibel ist er auch in Bezug auf die Stimmung unserer Menschen. Vielleicht hat er recht.

»Glaubst du wirklich, dass wir nur zu Besuch hier sind?«, frage ich ihn verunsichert.

»Klar.« Er grinst. »Du bist ne Pfeife, echt. Los, komm schon. Stell mich deinen Kumpels vor.«

»Fina«, freut sich jetzt auch Julia und kommt näher. Ich beeile mich, Fotis zu überholen, ehe er sich vor mir in ihre Arme stürzen kann.

»Schön, dass es geklappt hat«, sagen meine Menschen und folgen Julia in das alte Haus. Fotis und ich trotten nebenher und ich blicke mich mit großen Augen um. Es hat sich nichts verändert.

»Ich hätte nicht gedacht, dass so viele Hunde hier leben.« Mein Mensch wirkt ein wenig überfordert.

»Tja, in Griechenland sind die Straßen voller Streuner, besonders in den ländlichen Regionen. Und am liebsten möchte man alle retten, aber das ist natürlich nicht möglich.« Julia ist ein Profi, was Hunderettung angeht. Sie und ihr Mann engagieren sich seit Jahren und bringen immer wieder verletzte Hunde mit nach Deutschland, damit sie ein besseres Leben führen können.

»Viele der Hunde arrangieren sich ja auch mit dem Leben auf der Straße, denn sie kennen es nicht anders.«

»Wir sind an etlichen Streunern vorbeigefahren«, sagt mein Mensch betrübt. »Es ist wirklich heftig.«

»Ja, ich weiß«, entgegnet Julia. Sie sieht mich lächelnd an, als sie weiterspricht. »Aber oftmals werden sie von

TierschützerInnen oder AnwohnerInnen versorgt. Da sollte man als Tourist nicht eingreifen, auch wenn die Intention dahinter natürlich lobenswert ist.«

»Ein paar Schmeckis gehen aber immer«, ergänzt Fotis, der garantiert an seine Lucky denkt.

Klar, Essen geht immer. Ich habe es früher gerne angenommen, egal von wem es kam.

»Wollen wir rausgehen?«, fragt Fotis und deutet mit seiner Schnauze hinüber zum sandigen Gelände, auf dem der Großteil der Hunde herumstromert.

Ich zögere. So wenig, wie ich jetzt Teil der neuen Welt bin, so wenig bin ich noch ein Teil meiner alten Welt.

»Jassu!« Mein alter Kumpel Mickey nimmt mir die Entscheidung ab. Er stürmt mit viel Getöse auf mich zu, sodass auch die anderen auf mich aufmerksam werden.

»Nichts da, ihr geht raus«, scheucht uns Julia davon, ehe das Chaos ausbricht. Denn das ist etwas, das Menschen gar nicht mögen: Chaos.

»Was machst du denn hier?«, werde ich von allen Seiten gefragt, während mich fünf bekannte Schnauzen aufgeregt nach draußen eskortieren.

Zum ersten Mal sehe ich Fotis überfordert. Er ist ganz still und läuft mit eingeklemmter Rute nah neben mir. Ich schätze, die Hunde hier sind ihm eine Nummer zu groß – im wahrsten Sinne des Wortes, denn ich war tatsächlich eine der Kleinsten hier.

»Nun lasst sie doch erst mal in Ruhe ankommen«, höre ich eine tiefe Stimme, die zu einem anderen Hund gehört, der sich gemächlich seinen Weg zu mir bahnt. »Du siehst ja aus«, kommentiert er, als er vor mir steht und mich ungläubig mustert. Odin. Er ist einer der größten Rüden hier, doch mit seinem schwarz-weißen

Fell und den sanften Augen sieht er eher niedlich als bedrohlich aus. Er war einer meiner besten Freunde hier. Amüsiert betrachtet er mein leuchtend buntes Geschirr und den baumelnden Anhänger mit meinem Namen.

»Hast du ne Misswahl gewonnen?«

Er lacht. Und obwohl es ein freundliches, neckendes Lachen ist, spüre ich, dass etwas anders ist als früher.

Ich bin anders. Ich trage ein Geschirr, das so viel mehr über mich aussagt, als Odin denkt. Ich verlasse mich mittlerweile mehr auf meine Menschen, als auf meinen Instinkt. Ich jage nicht mehr Vögeln hinterher, wenn meine Menschen mich auffordern, bei ihnen zu bleiben. Ich warte vor einem vollen Napf, bis ich fressen darf, und ich stelle mich auf die Hinterbeine, wenn meine Menschen mich darum bitten.

»Du könntest auch mal wieder eine Bürste vertragen«, gebe ich lächelnd zurück. Wir hassen es beide so sehr, gebürstet zu werden! Das hat sich auch in der Zeit bei meiner Familie nicht geändert.

»Und, wirst du zurückgegeben, oder wolltest du nur mal sehen, was das niedere Volk so treibt, während du in deinem Palast manikürt wirst?«

»Was habt ihr nur immer mit dem Zurückgeben?«, fragt Fotis und traut sich hinter mir hervor. Ich beneide ihn wirklich sehr um dieses unzerstörbare Urvertrauen, das er in Menschen hat. In seiner Welt trennt sich ein Mensch niemals von seinem Hund. In meiner Welt – meiner alten Welt – kann man als Hund froh sein, wenn man nur ausgesetzt oder abgegeben wird, und nicht erschossen oder überfahren.

»Wer ist der Touri denn?« Odin mustert meinen kleinen Stiefbruder mit krausgezogener Stirn und grinst, als er sich über ihn beugt und Fotis erschrocken einen Schritt zurückweicht.

»Er gehört zu meiner Familie«, sage ich und bin selbst überrascht, wie einfach mir das über die Lippen kommt. *Meine Familie.*

»Verstehe«, sagt Odin. »Du hast es also geschafft, was?« Er scheint sich ehrlich für mich zu freuen. Dann tritt Verwunderung in seine Augen. »Aber was machst du dann hier?«

»Wir sind auf der Durchreise«, erklärt Fotis, weiterhin eingeschüchtert – aber er kann eben nicht aus seiner Haut und muss selbst jetzt von seinen Abenteuern berichten.

»Ach ja? Wohin gehts denn?«

»Das wissen wir nie«, antwortet er. »Mal nach Spanien, mal nach Frankreich, mal nach Griechenland.«

»Du weißt aber schon, dass wir hier in Griechenland sind?«, fragt Odin amüsiert.

Ich kichere.

»Nun ja«, entgegnet Fotis und versucht, sich seinen Fehler nicht anmerken zu lassen, »wir reisen so viel mit unserem Van, da kann man schon mal den Überblick verlieren.«

»Mit einem Van?«, fragt Odin.

Nun ist er es, der verunsichert wirkt. Kein Wunder. Wir haben Vans *gehasst.* Noch mehr als Bürsten.

»Ganz genau. Ich reise schon drei Jahre damit durch Europa.«

»Nicht schlecht«, murmelt Odin. Er scheint ziemlich beeindruckt zu sein. »Und du fährst auch mit?«, fragt er mich.

»In der Tat.«

»Wir sind richtige Vandogs«, ergänzt Fotis.

»Ganz und gar nicht schlecht«, wiederholt er. »Und ich dachte, seit du weg bist, liegst du Tag und Nacht faul auf irgendeinem Sofa herum.«

Ich kichere und verschweige ihm, dass das irgendwie auch meine Traumvorstellung vom Leben bei einer Familie gewesen war. Erst jetzt merke ich, dass Träume sich ändern können.

»Und hier ist alles beim Alten?«, frage ich.

»Jap, wie du siehst ...« Er dreht sich um und lässt seinen Blick über die Hütten und Zwinger schweifen. »Hunde kommen und gehen. Na ja – es kommen mehr, als dass welche gehen. Du weißt ja, wie das ist.«

Und ob ich das weiß.

»Aber uns gehts gut. Es gibt genug Futter, Schatten und Wärme, je nachdem, was gerade gebraucht wird. Die Menschen kümmern sich um uns.« Odin schaut wieder zum Haus hinüber. »Da kommen sie ja. Sind das eure Menschen, da drüben bei Julia?«

»Ja, das sind sie«, antwortet Fotis freudig und auch mein Schwanz wedelt wie von selbst.

Sie lächeln uns an und vertiefen sich dann wieder in eine Unterhaltung.

»Wir haben hier immer wieder Notfälle«, erklärt Julia gerade. »Wenn man als Tourist ein krankes, verletztes oder sich in unmittelbarer Gefahr befindliches Tier sieht, sollte man helfen. Am einfachsten ist es, sich bei den Anwohnern über den Hund oder die Katze zu erkundigen. Ihr habt ja bestimmt schon mitbekommen, dass die Menschen in Griechenland gerne plaudern.« Sie lachen, während Julia sie über das Gelände führt. »Das hilft in so einem Fall ungemein.«

»Und wenn niemand etwas über das Tier weiß?«, fragt mein Mensch.

»Dann hat man zwei Möglichkeiten: Es zu einem Arzt bringen, der feststellen kann, ob es auf einen Halter registriert ist, oder über die sozialen Medien versuchen, Tierschützer in der Umgebung zu ermitteln.«

»So wie euch?«

Julia nickt und winkt Polly und Rania zu, meinen beiden Schutzengeln, die das Shelter betreiben und gerade Neuankömmlinge in einem separaten Zwinger versorgen. »Richtig, auch wir können den Chip auslesen, sofern einer vorhanden ist. Ist der Hund nicht registriert, kann man eine Orga suchen, die den Schützling übernimmt. So wie uns.«

»Ist sicher nicht einfach, das alles am Laufen zu halten.«

»Ja. Und man darf nie vergessen, dass die Leute im Tierschutz Ehrenamtler sind. Wir sind auf Sachspenden oder finanzielle Unterstützung angewiesen, denn nahezu jeder Fundhund muss medizinisch untersucht und gegebenenfalls behandelt werden.«

»Das kann ich mir vorstellen. Und es kommen ja immer wieder neue Tiere dazu! Vor Kurzem haben Camper einen Wurf Welpen auf der Halbinsel Peloponnes gefunden«, sagt meine Menschin.

Ich erinnere mich daran, weil ich mich plötzlich gefragt hatte, was eigentlich aus meinen Welpen geworden war. Mit meinen vier Jahren hatte ich schon mehrere Würfe gehabt, und es war so ziemlich das Anstrengendste überhaupt gewesen, sie alle zu ernähren.

»Ja«, seufzt Julia. »Aber findet man Welpen, ist es etwas komplizierter. Ein Welpe kommt selten allein und wird oftmals zusammen mit der Mutter ausgesetzt. Hier sollte man sich wirklich direkt Hilfe suchen, denn Welpen brauchen eine spezielle Betreuung und ein Laie ist damit heillos überfordert. Auch wenn er es gut meint und glaubt, auf eigene Faust das richtige zu tun. Aber was ist eigentlich mit dir, Fina?« Julia lächelt und beugt sich zu mir hinunter. »Gehts dir gut?« Ich wedele so energisch mit dem Schwanz, dass mein ganzer Körper hin und her wackelt. »Gefällt dir dein neues Leben? Oder möchtest du zurückkommen?«

»Ja, Miss Vandog«, grinst Odin. »Willst du wieder hier einziehen?«

Ich blicke mich auf dem so vertrauten Grundstück um, hinter dessen Zaun meine alte Heimat, die Straße, wartet. Wie oft hatte ich den Gedanken gehabt, ob es nicht besser gewesen wäre, ich wäre dortgeblieben.

Doch nun, wo ich hier bin, merke ich, dass mir eigentlich ziemlich gut gefällt, wo und bei wem ich gelandet bin.

Ich bin nicht mehr der Einzelhund, der ich mal war. Ich bin Teil einer Familie. Eines Ganzen.

Und ich verstehe jetzt, wieso Fotis so überzeugt davon ist, dass man ihn niemals abgeben würde: Man kann ein Ganzes nicht teilen.

Farewell

FOTIS

»Kannst du glauben, was wir schon alles erlebt haben?«, frage ich Fina, als wir am Strand liegen und die tief stehende Sonne unser Fell rot einfärbt.

Sie öffnet kurz ihre Augen, dann seufzt sie und schließt sie wieder, während sie sich genüsslich in den warmen Sand drückt. »Ich meine, wir haben so viele coole Tiere kennengelernt! Delfine, Landschildkröten, Flamingos, Gottesanbeterinnen, einen richtigen Drachen und Meeresschildkröten! Sogar einen Jack Russel, der auf dem Meer lebt. Ist das nicht irre?«

»Mhm«, antwortet Fina unbeeindruckt.

»Und all die unterschiedlichen Orte, die wir gesehen haben. Wälder, Seen, Berge, Buchten, Küsten, Strände und Dünen. Manchmal denke ich, ich träume.«

»Du träumst nicht«, antwortet Fina brummend. »Würdest du träumen, würdest du schlafen und wärst ruhig. Und ich könnte mein Nickerchen genießen.«

»Du weißt, was ich meine.«

Fina dreht sich resignierend auf die Seite und sieht mich an.

»Ja, natürlich weiß ich, was du meinst.«

Ihre dunkelbraunen Augen wirken im spärlichen Licht der Dämmerung wie schwarze Edelsteine.

»Und findest du es nicht auch irre, was wir alles erleben dürfen? Hättest du gedacht, dass du mal wegkommst von der Straße und ein Zuhause findest, in dem du so viel entdeckst?«

»Nein«, antwortet sie nachdenklich. »Ich hätte niemals gedacht, eine Familie wie euch zu finden. Und obwohl ich oft so tue, als würde ich am liebsten den ganzen Tag schlafen, muss ich zugeben, dass mir dieses Leben gefällt. Sehr sogar.« Sie lächelt.

»Wir haben es ganz schön gut, was?«

»Ja, das haben wir.«

»Einmal Vandog, immer Vandog?«, frage ich sie.

»Einmal Vandog, immer Vandog«, antwortet sie und grinst.

≋

Wir sind am Ende dieses Buchs angekommen - aber noch nicht am Ende unserer Reise. Die Reifen unseres Vans werden sich weiter drehen, und wir freuen uns schon auf die Geschichten, die uns noch erwarten.

Wir hoffen, dass euch unsere Anekdoten gefallen haben, die wir mit einem Augenzwinkern, aber auch mit einer Botschaft erzählt haben. Nehmt daraus mit, was ihr mögt!

Reist an Orte, die euch glücklich machen und erlebt die Abenteuer, die für euch richtig sind, und nicht die, die andere von euch erwarten. Reist schnell, reist langsam, alleine oder mit euren Lieblingsmenschen. Bleibt ganz bei euch und genießt die Zeit, die ihr auf dieser Erde habt.

Pfotenwissen

Packliste für den Hund

Die Packliste für einen Van oder ein Wohnmobil ist lang –
und trotzdem vergessen wir immer etwas, oder?

Das meiste davon können wir irgendwo nachkaufen,
wenn wir es dringend benötigen. Bei Hundekram sieht es
manchmal aber anders aus.

Wir haben für euch eine Liste mit Dingen
zusammengestellt, die wir für unverzichtbar auf unseren
Reisen mit den Hunden halten:

- Erste-Hilfe-Set bzw. Reiseapotheke
- Zeckenzange oder Zeckenkarte
- Wurmkur, vor allem, wenn ihr länger am Mittelmeer
  unterwegs seid
- EU-Heimtierausweis
- Kleine Wasserflasche für Wanderungen
- Napf / Näpfe
- Kotbeutel
- Krallenschere
- Fellschere
- Zahnbürste / Fingerling
- Schleckmatte / Schnüffelmatte für Regentage
- Regenjacke
- Bademantel
- zwei bis drei Handtücher
- Wechselgeschirr

- Maulkorb
- Schleppleine
- evtl. Tracker + Ladegerät
- Schwimmweste
- Box
- gegebenenfalls Rucksack oder Tragetasche
- und natürlich: Futter und jede Menge Leckerlis :-)

Reiseapotheke für den Hund

Ein wichtiger Posten der Packliste ist definitiv die Reiseapotheke. Es gibt gewisse Basics, aber es macht auch durchaus Sinn, bezüglich besonderer Bedürfnisse vor der Abreise mit eurem Tierarzt zu sprechen, um gesundheitliche »Schwachstellen« beim Zusammenstellen der Reiseapotheke zu berücksichtigen.

Reiseapotheke Must-haves
von Dr. Meike Does

- Verbandszeug (Vetflex, Watterolle, Tupfer)
- Verbandsschere
- Leukosilk
- Fieberthermometer
- Desinfektionsspray (Prontovet) / Kochsalzlösung
- Schmerzmittel
- Augensalbe
- Augenspülung
- Etwas für den Darm (z.B. Sivomixx von Napfcheck)
- Kohletabletten
- Kortison-Zäpfchen (Rectodelt) bei Mückenstich

Tipps fürs Reisen mit (reaktivem) Hund

Unser Rüde Fotis ist reaktiv. Oft ist es Unsicherheit, die ihn nach vorne gehen lässt, manchmal auch Ungeduld oder Kontrollverlust. Langweilig beziehungsweise leise wird es in ungewohnten Situationen mit ihm nie.

Das Reisen mit dem Van ist deshalb eine Herausforderung, denn unterwegs gibt es ständig neue Umgebungen, fast täglich fremde Hunde und Menschen und immer wieder unvorhergesehene Umstände. Falls ihr auch einen reaktiven Vierbeiner habt, oder in manchen Situationen einfach Stress raus nehmen wollt, haben wir für euch ein paar Tipps gesammelt, die uns unterwegs sehr geholfen haben.

≈

Mautbox

Bei unserer ersten Fahrt durch Frankreich haben wir Bekanntschaft mit dem Mautsystem gemacht – und der Tatsache, dass Fotis gefühlt alle zwanzig Minuten Alarm geschlagen hat, weil ein Mautstellenmitarbeiter uns begrüßt hat, bevor wir die Schranke passieren konnten. Das war Grund genug für uns, für die nächste Fahrt über französische Autobahnen eine Mautbox anzuschaffen. Die wird innen an der Frontscheibe befestigt und kann gegen einen festen Monatsbeitrag beliebig lange genutzt werden. So konnten wir bei unseren weiteren Fahrten in Frankreich (und Spanien) ohne jegliche zwischenmenschliche Interaktion durch die Mautstellen fahren. Die Schranken erkennen die Box und öffnen sich automatisch – und ähnlich still und leise wird Ende des Monats die Mautgebühr vom Bankkonto abgebucht.

∾

Hundebox

Unsere Hundetrainerin empfahl für Fotis eine Box, um ihm einen Ort zu schaffen, an dem er zur Ruhe kommen kann. Jeder, der schon mal mit einem Van unterwegs war, weiß: Platz ist Mangelware und eine fest installierte Hundebox ist gar nicht mal so leicht unterzubringen. Wir haben uns daher für eine Reisebox entschieden, die wir problemlos auf- und wieder abbauen können. Sie steht meist hinter dem Fahrersitz, sodass Fotis von dort keinen Blick auf das hat, was vor oder neben dem Auto passiert. Diese Box haben wir auf unserer Fahrt nach Griechenland durch die Transitländer Slowakei, Ungarn, Rumänien und Bulgarien bei jedem Grenzübergang genutzt, um den Stress für unseren Hund so gering wie möglich zu halten.

∾

Ein Aufmerksamkeitswort

An den Mautstationen in Griechenland haben wir uns angewöhnt, Fotis ein Signal zu geben, das seine Aufmerksamkeit auf mich lenkt – wir hatten es nämlich leider versäumt, uns eine Mautbox für Griechenland zu kaufen. Näherten wir uns der Schranke und damit dem freundlichen Mitarbeiter, gab ich ihm dieses Signal in Form eines Wortes. Schon nach ein paar Malen verknüpfte er »Schranke« damit, sich mir zuzuwenden und in Ruhe auf eine Belohnung zu warten, während David mit dem Mitarbeiter interagieren konnte.

≈

Leckerlivorrat in Griffweite

Bestimmte Triggersituationen lassen sich vorhersehen, wenn wir Hundehalter aufpassen. Fotis triggern Menschen, die am Vanfenster vorbeilaufen, genauso wie fremde Hunde – nicht alle, aber eben doch einige. Deshalb haben wir sowohl vorne in der Fahrerkabine als auch hinten im Sitzbereich, in dem die meisten Fenster sind, immer eine Dose mit Leckerlis, mit denen wir Fotis rechtzeitig ablenken können. Das funktioniert natürlich auch super mit dem Lieblingsspielzeug!

Danksagung

Dieses Buch ist »on the road« entstanden, inmitten von vielen weiteren Abenteuern. Wir möchten uns bei unserer Familie und unseren Freunden bedanken, die uns seit Beginn unserer Reise unterstützt haben.

Ein großes Dankeschön an unsere Tierärztin Dr. Meike Does aus Bissendorf bei Hannover, die sowohl »remote« als auch zu Hause in persona seit Jahren für unsere Hunde da ist und nicht gezögert hat, uns bei diesem Projekt zu unterstützen!

Ebenfalls großen Dank an Nastasia Iwanowska, unsere Hundetrainerin aus Köln, die sich trotz des Eröffnungsstresses für ihren eigenen Hundekindergarten (»Kölleforniadogs«) die Zeit genommen hat, unsere Fragen zu beantworten.

Danke an Julia und die *FurryTales*, ohne deren großartige Arbeit wir unsere Fina nun nicht bei uns hätten!

Und natürlich: Vielen Dank an jeden, der dieses Buch gekauft hat und mit Fotis und Fina ihre Abenteuer nacherlebt hat. Wir hoffen, ihr konntet euch gedanklich an die schönen Orte träumen, die wir bereist haben!